평범한 딸을 서울대에 보낸

행복한 공부의 신

정용호 강사의 초등 상위 0.1% 공부법

초등 국어　초등 영어　초등 수학

직업
상점

⁺⁺ CONTENTS

프롤로그 ★06

⁺⁺⁺ CONTENTS ₒ

⁺⁺PROLOGUE ✐

현재 서울대에 재학 중인 제 아이가 중학생이었을 때부터 우리나라 입시에서 수학 선행 학습이 시작되었습니다. 이는 주로 학생부 종합 전형에서 유리했기 때문입니다. 고등학교에 입학하기 전에 고등수학 선행을 탄탄하게 마쳐야, SKY를 포함한 상위권 대학이나 의대 등의 인기 학과에 비교적 안전하게 진학할 수 있었지요.

그런데 최근에는 수학 선행뿐 아니라 국어와 영어 선행도 필수라는 이야기가 나오고 있습니다. 예를 들어, 수학 선행 전문인 H 학원에서는 초등 고학년 단계에서 고등수학 심화 선행을 진행하고, 새롭게 등장한 국어 선행 전문 G 학원에서는 초등 고학년을 대상으로 수능 언어 영역에서 3등급 이내의 성적을 목표로 교육합니다. 더불어, 유튜브 등에서는 초등 고학년 때 영어를 고등 수준까지 마치는 것이 필요하다는 영상도 심심치 않게 볼 수 있습니다.

상위권 대학이나 인기 학과의 입학 정원이 줄어들었다면 이러한 상황이 이해될 수도 있습니다. 혹은 아이들 수가 많아져 경쟁률이 높아졌다면 말이지요. 하지만 실제로는 입학 정원이 줄어들지 않았으며, 오히려 의대의 선발 인원은 늘었습니다. 아이들 수도 급격히 줄어들고 있는 상황입니다. 선발 인원은 늘고, 학생 수는 줄었으니 대학 입학이 더 쉬워져야 하는 게 아닐까요? 하지만 10년 전보다 입시 경쟁은 오히려 더 치열해졌습니다. 이제는 수학뿐만 아니라 국어와 영어까지 선행 학습이 요구되고 있으며, 상위권 경쟁은 더욱 치열해졌습니다. 중위권 학생 수는 줄어들고, 하위권으로 넘어간 이이들은 공부를 포기한 경우가 많습니다.

왜 이런 현상이 벌어진 걸까요? 이대로라면 H 학원과 G 학원에 보내야만 할까요? 초등 저학년 때부터 국어·영어·수학 달리기를 시작해야 할까요?

우리나라 초·중·고 교육에 가장 큰 영향을 끼치는 것은 바로 대입 제도입니다. 대학 입학 전형에서 무엇을 가장 중요한 평가 항목으로 삼느냐에 따라, 초·중·고 교육의 핵심이 달라집니다. 심지어 유치원 시기의 교육에도 적지 않은 영향을 미칩니다. 이러한 현상이 벌어진 이유 또한 대입 제도의 변화에 있습니다.

그러나 유치원과 초등학교 자녀를 둔 부모들은 대입 제도가 중요하게 평가하는 항목이 무엇인지를 파악하기 어렵습니다. 그로 인해 공포 마케팅에 쉽게 휘둘리거나 큰 시행착오를 겪게 되는 경우가 많습니다.

이제는 유치원과 초등학교 자녀를 둔 부모도 대입 제도의 핵심을 알아야 합니다. 그래야 진짜 중요한 공부와 덜 중요한 공부, 그리고 하지 않아도 되는 공부를 구분할 수 있습니다. 또한 초등 시기 공부의 핵심은 '공부를 많이 하는 것'이 아니라 '공부 능력과 습관, 그리고 태도를 탄탄하게 훈련하는 것'임을 깊이 이해해야 합니다.

앞으로 적용될 대입 제도는 과거보다 훨씬 복잡해졌고, 이에 따라 중·고등 시기에 필요한 공부의 양도 많아졌습니다. 중·고등 단계에서의 많은 학습량을 소화하기 위해 초등 시기부터 공부량을 늘리는 것은 올바른 방법이 아닙니다. 초등 시기에는 "공부는 할 만한 것"이라는 긍정적인 경험을 쌓고, 시기별로 우선순위를 잘 설정하여 효율적으로 선택과 집중을 해 나가야 합니다. 이렇게 하면 자연스럽게 국·영·수 선행 학습도 가능하게 될 것입니다.

이 책이 초등 시기에 의미 있고 효율적인 공부를 진행하는 데 도움이 되기를 바랍니다. 유아부터 초등 자녀를 둔 부모의 현명한 선택이 그 어느 때보다 중요한 시기입니다.

0.1% 공부의 법칙

PART 01

| "5세 독서, 서울대 가능?" 이렇게 준비한다!

우리나라에서 교육열이 높기로 유명한 지역을 떠올리면 가장 먼저 '대치동'이 떠오를 것입니다. 분당, 목동 등도 생각나죠. 지역별로 대구의 수성구, 부산의 해운대구 등도 비슷한 명성을 가지고 있습니다. 이 지역 아이들이 서울대, 고려대, 연세대를 비롯해 상위권 대학에 진학하는 비율이 높은 것도 사실입니다. 그렇다면 이 지역의 아이들은 어떻게 공부하고 있을까요?

이 지역에는 매우 유명한 수학학원이 있습니다. 이 학원에서는 초등학교 5~6학년 때 고등학교 수학을 심화 과정까지 선행한다고 합니다. 경우에 따라 더 빠르기도 합니다. 또한, 이와 유사한 국어 학원도 인기를 끌고 있다고 합니다. 이 국어 학원에서는 초등학교 5~6학년을 대상으로 수능 국어 3등급 이내 성취를 목표로 하는데, 이는 전국 기준 상위 23% 이내의 성적입니다. 초등 고학년이 고3 수능 문제를 풀며 상위권 성적을 내는 것을 목표로 삼고 있는 셈이지요. 이 수학 학원과 국어 학원에 들어가기 위해, 일부 학생들은 7세부터 초등학교 1학년 때까지 다른 학원에서 미리 준비를 하기도 합니다.

물론 이 사례는 여러 가지 경우 중 하나일 뿐입니다. 이 지역에서도 다양한 방식으로 아이 교육을 진행하고 있으며, 사교육 대신 홈스쿨링을 중심으로 하는 경우도 있습니다. 그리고 이 방식이 교육적으로 반드시 부정적인 것만도 아닙니다. 학습 능력이 받쳐주고 성향이 맞는 아이들은 진도도 잘 따라가며 성취감도 느낄 수 있습니다. 따라서 "대치동은 다 그렇게 한다"라고 일반화할 수 없고, "그런 방식은 비교육적이다"라고 쉽게 단정 지을 수도 없습니다.

다만 한 가지 확실한 점은, 이런 방식으로 소화할 수 있는 아이들은 극히 일부라는 것입니다. 실력은 되지만 성향이 맞지 않아 중도에 학원을 그만두는 아이들도 있고, 성향이 맞더라도 실력이 부족하면 따라가기 어려운 것이 사실입니다. 해당 지역이 아닌 곳에 거주해 물리적 거리 때문에 시도할 수 없는 경우도 많으며, 선행은커녕 자신의 학년 학습부터 다시 점검해야 하는 아이들도 많습니다. 그렇다면 이 방식에 해당하지 않는 절대다수 아이들은 어떻게 공부해야 할까요? 저 또한 제 아이가 절대다수에 속했지만, 결국 서울대에 갈 수 있었습니다.

제 아이가 서울대에 입학했다고 하면 "원래 공부를 잘했나 봐요? 어릴 때부터 영특했겠죠?" 또는 "어떻게 공부하면 서울대에 갈 수 있나요?"라는 질문을 자주 받습니다. 그럴 때마다 쉽게 대답하기가 어렵습니다. 너무 뻔한 답변이기 때문입니다. 그런데 이 답변이 너무 뻔하다는 것은 그리 특별하거나 대단하지 않다는 뜻이기도 하고, 누구나 어렵지 않게 할 수 있다는 의미이기도 합니다.

제 아이는 확실히 천재가 아니었습니다. 천재는 어릴 때부터 남다른 면이 두드러지지만 제 아이는 평범한 편이었지요. '말콤 글래드웰'의 저서 『아웃라이어: 성공의 기회를 발견한 사람들』에서 말하는 것처럼, "누구나 어떤 분야에 10,000시간 이상 몰두하면 영재가 될 수 있다"라고 했지만, 제 아이는 그 정도 시간을 학습에 쏟지 않았습니다.

평범한 제 아이가 서울대에 진학할 수 있었던 데는 약간의 유리한 점이 있었습니다. 우리나라의 교육과정과 입시제도는 언어 지능이 뛰어난 아이들에게 유리하게 설계되어 있습니다. 초등학교에 입학하는 저학년 시기부터 학교에서 평가하는 학습 방식은 언어 능력의 영향을 많이 받기 때문입니다. 잘 듣고, 잘 발표하고, 잘 읽고, 잘 쓰면 공부를 잘한다고 평가받게 됩니다. 타고난 언어 능력으로 인해 자주 칭찬을 받고, 자연스럽게 자신감을 키우며 공부에 긍정적인 마인드를 갖게 되는 것입니다.

초등학교에서의 평가 방식은 확실히 제 아이에게 유리하게 작용했습니다. 5세 때부터 독서를 많이 한 덕분에 초등학교에 입학했을 때 다른 아이들보다 유리한 위치에 있었고, 주변의 칭찬 덕에 자신감과 공부에 대한 긍정적인 태도가 자연스럽게 이어졌습니다. 여기서 '5세'라고 하는 것은, 일반적으로 5세부터 비문학인 자연, 과학, 사회 영역의 책을 볼 수 있기 때문입니다. 5세부터 문학책과 쉬운 비문학 그림책을 많이 접하면, 언어 능력과 사고력이 빠르게 발달할 수 있습니다.

"선생님, 아이가 평범한데 어떻게 서울대에 갈 수 있었나요?"라는 질문을 받을 때면, 저는 이렇게 말씀드립니다. "5세부터 독서에 집중해 책과 친해지게 했어요. 이 방법은 대부분의 가정에서도 실천할 수 있는 간단한 방법입니다. 주말마다 도서관에 가서 쉬운 책을 빌려 하루에 세 권 이상 읽어주면 됩니다."

2 0.1% 공부 법칙, 효율이 전부다

평범한 아이들이 공부를 잘하려면 어떻게 해야 할까요? 간단합니다. 꾸준히 공부해야 합니다. 제 아이도 중학생 때부터는 공부량이 늘었습니다. 주말에는 수학만 다섯 시간 이상 공부하기도 했습니다. 저는 "어떻게 다섯 시간 동안 수학 공부만 할 수 있니? 지겹지 않니?"라고 물었는데, 아이는 이렇게 대답했습니다. "초등 때 공부에 질리지 않아서 그런지 할 만해."

제 아이는 초등 때부터 공부를 잘했지만 공부량은 많지 않았습니다. 피아노와 태권도 같은 예체능 활동을 병행했으며, 초등학교 중학년까지도 책 읽는 시간이 공부 시간보다 더 많았습니다. 그럼에도 불구하고 학교 수업을 잘 따라가고 시험 성적이 좋았던 이유는 효율적으로 공부했기 때문입니다.

국어, 사회, 과학 과목은 모두 독서를 통해 해결했습니다. 초등학교 4학년까지는 교과서 내용이 크게 어렵지 않으므로, 문학에만 치우치지 않고 비문학사회, 과학, 역사 책을 충분히 읽으면 자연스럽게 공부가 해결됩니다. 물론 시험에서 100점을 맞으려면 문제집도 풀어야 하지만, 초등 시기에는 반드시 100점을 맞아야 하는 건 아닙니다. 80점이나 70점도 괜찮습니다. 이렇듯 초등 시기에는 국어, 사회, 과학을 독서로 해결했고, 도서관만 잘 활용하면 누구나 쉽게 따라 할 수 있는 방법입니다.

다만, 수학 공부는 초등 때부터 잘 계획하고 효율적으로 접근해야 합니다. 수학은 대부분의 가정에서 많은 시간과 비용을 투자하는 과목이지만, 비효율적인 방식으로 공부해 효과를 보지 못하는 경우가 많습니다. 효율적인 수학 공부 방법은 뒤에서 더 자세히 설명하겠지만, 핵심을 정리하면 다음과 같습니다.

- 교과서 개념과 원리를 확실히 공부하기
- 연산 연습은 꼭 필요한 만큼만 하기
- 학기당 문제집 2권 풀기
- 내신 수학부터 제대로 하고 필요하면 사고력 수학 추가하기

저는 유치원 및 초등 자녀를 둔 학부모와의 상담에서 수학 공부의 가짓수를 줄이는 것을 강조합니다. 학습 단계를 고려하지 않은 과도한 선행은 효과가 떨어지고, 불필요한 공부에 시간과 에너지를 낭비하는 전형적인 비효율적 학습에 해당합니다. 이처럼 초등 시기부터 수학 공부는 각 학년마다 우선순위를 정해 효율적으로 공부하는 것이 중요합니다.

3 아이를 1등으로 이끄는 방법

몇 년 동안 독서 코칭과 국·영·수 학습 코칭 강의, 그리고 맞춤형 컨설팅을 진행하면서 정말 많은 학부모님을 만났습니다. 어느 학부모님은 아이가 6세일 때 저의 강의를 처음 듣고, 7년이 지나 초등학교 6학년이 된 아이가 즐겁게 공부하는 모습을 보여주며 "선생님 덕분에 이렇게 즐겁게 공부할 수 있었어요"라며 감사 인사를 전하기도 했습니다. 또, 다른 학부모님은 "사촌 언니 추천으로 강의를 들었는데 정말 많은 도움이 됐다"라며 고마움을 표현해 주시기도 했습니다. 특히 영어학원 원장님이셨던 학부모님께서는 다음과 같은 인사 메시지를 남기셨습니다.

선생님 안녕하세요?

지난주에 받았던 컨설팅이 마음에 깊이 남아 이렇게 감사 인사를 전합니다.

아이들을 키우는 지난 10여 년 동안 저에게는 수많은 선택과 결정의 순간이 있었습니다. 그런데 선생님처럼 제 이야기를 진심으로 귀 기울여 들어주시고, 그 선택과 결정에 대해 함께 깊이 고민해 주신 분이 과연 있었나 싶습니다. 정말 힐링이자 위로와 감동의 시간으로, 말로 다 표현할 수 없는 감사함을 느꼈습니다.

컨설팅 중에는 말씀드리지 못했지만 저는 중고등 영어 입시 학원을 17년간 운영하며 오랜 시간 학부모님들과 소통해 왔습니다. 그러다 제 쌍둥이 아이들이 초등학교에 입학할 때, '내 아이들은 내 손으로 키우고 싶다'는 마음으로 학원을 접었습니다.

오랜 시간 학부모들에게 독서와 문해력의 중요성, 공부 정서와 부모의 학습 개입에 대해 강조했지만, 실제로 받아들이는 부모님은 그리 많지 않았습니다. 그러다 보니 제 아이들에게만큼은 이 가치를 실천해 보자는 마음으로 노력해 왔습니다. 그러나 쏟아지는 정보와 과도한 입시 마케팅, 주변 엄마들의 조급함과 비교, 이로 인한 불안과 압박 속에서, 저조차도 흔들리기 쉬웠습니다. 그나마 입시에 대한 경험이 있는 제가 이 정도였으니, 일반 학부모님들께는 그 불안이 얼마나 크게 다가올까 싶어 안타깝기도 했습니다.

그런데 이번 컨설팅을 통해 저의 방향이 틀리지 않았다는 것을 확인받고, 큰 위로와 용기를 얻었습니다. 특히 제가 몰랐던 초등 독서와 초등 수학 학습에 대한 명확한 조언 덕분에 마음이 한결 가벼워졌습니다. 강조해 주신 '선택과 집중'이 필요하다는 조언을 따라 아이들에게 더욱 집중하고, 제가 느낀 가치를 주변에도 널리 전파하겠습니다. 진심으로 감사드립니다.

수많은 학부모님과 이야기를 나누고 질의응답을 통해 느낀 점은, 부모님들께서 여러 가지 공부를 지나치게 많이 시키거나 너무 안 시키는 경향이 있다는 것입니다. 물론 '적당히' 시키는 분들도 있지만, 대개는 그 중간을 넘어서 지나치거나 부족한 경우가 더 많았습니다. 이처럼 균형을 잡지 못한 경우, 대개 빠르면 초등 3학년부터, 늦어도 초등 5학년이 되면 그로 인한 문제점이 드러나기 시작합니다.

초등 교육과정을 보면, 각 과목별로 본격적인 학습은 초등 3학년부터 시작됩니다. 이때부터 영어, 사회, 과학 과목이 추가되며, 수학의 학습량과 난이도도 높아집니다. 이때 공부를 충분히 하지 않은 경우에는 새로 늘어난 학습량과 난이도를 소화하기 어려워지고, 이로 인해 자신감을 잃거나 학습에 대한 흥미를 잃게 되며, 결국 공부에서 멀어질 수 있습니다.

반면, 어릴 때부터 여러 가지 공부를 많이 한 아이들도 문제가 발생할 수 있습니다. 이들은 나름 많은 공부를 해 왔지만, 특정 과목을 확실하게 잘하게 된 경우는 드뭅니다. 여러 가지 공부를 일찍 시작해 아이들이 지치기 때문입니다. 특히 초등 3~4학년까지는 대개 부모의 말에 잘 따르므로 다양한 학습을 받아들이지만, 그 과정에서 불만과 부정적 생각이 쌓이면 사춘기가 빨리 찾아올 수 있습니다. 이런 경우, 초등 4~5학년부터 학습을 거부하거나 반항하기 시작할 수 있으며, 사춘기가 늦게 찾아오는 경우는 중학교 2학년 무렵에 거부와 반항이 나타날 수 있습니다. 심한 경우에는 지금까지 해 온 모든 공부를 거부하기도 합니다. 이런 이유로 보통 초등 3학년을 1차 좌절기, 초등 5학년을 2차 좌절기, 중학교 2학년을 3차 좌절기라고 부르기도 합니다.

제 아이는 초등 3학년과 5학년에 이르는 1, 2차 좌절기를 모두 무사히 통과했고, 전교 1등 수준의 성적도 계속 유지했습니다. 그 비결 중 하나는 여러 가지 공부에

욕심내지 않고 시기별로 꼭 필요한 공부에 집중했기 때문입니다. 한 번에 여러 가지를 시키지 않으니 전체 공부량이 많지 않았고, 아이가 스트레스를 받지 않았습니다.

일반적으로 공부량이 많아지는 시기는 초등 저학년이 아니라 중학교와 고등학교 시기입니다. 초등학교 때 공부를 많이 하는 것은 대부분의 아이들에게 좋은 방법이 아닙니다. 일부 아이들이 초등 3학년이나 그 이전부터 고난도의 학습을 잘 소화해 내기도 하지만, 이는 전체 학생 중 1% 정도, 넓게 보아도 3% 이내에 해당합니다. 내 아이가 그 소수에 해당한다면 그 방법도 고려할 수 있지만, 그 확률은 3%에 지나지 않습니다. 대다수의 97% 아이들은 초등 시기에는 학습량을 늘리기보다는 시기별 1순위 공부에 집중하는 것이 중요합니다.

유치~초등 시기 1순위 공부
• 5세~초등 2학년 : 문해력
• 초등 3~4학년 : 영어
• 초등 5학년 이후 : 수학

4 제발! 이런 공부는 하지 마세요

어떤 아이들은 정말 열심히 공부하지만 성적이 노력만큼 나오지 않는 경우가 있습니다. 왜 그럴까요? 이는 대개 잘못된 방식으로 공부하고 있기 때문입니다. '제대로 공부하고 있는지'를 점검해 보는 것이 필요합니다.

공부에는 비효율적인 방식, 즉 '이상한 공부'가 존재합니다. 예를 들어 유치원 시기에 굳이 풀지 않아도 될 수학 문제를 푸느라 책 읽을 시간을 빼앗기거나, 문해력이 충분히 형성되지 않은 초등 저학년에게 영어 쓰기 연습을 시키는 경우가 그렇습니다. 또한, 두 자릿수 덧셈을 이미 잘 하는데도 연산 연습을 반복하게 하거나, 수학의 개념을 이해하기보다는 단순히 암기하는 경우도 해당됩니다. 이 외에도 초등 저학년부터 영어 단어와 문법을 외우게 하거나, 사회나 과학의 서술형 문제를 단순 암기로 대비하는 것도 비효율적인 공부입니다.

우리 세대의 경우, 초등 때 외우고 시험을 치렀다가 잊고, 중등과 고등 때도 같은 방식으로 공부해 왔습니다. 시험 전에는 열심히 외워 점수는 잘 받았지만, 단순 암기 방식이었기에 나중에 기억에 남는 것은 많지 않았습니다. 예전에는 이러한 암기식 공부로도 좋은 성적을 낼 수 있었지만, 요즘은 다릅니다. 몇 년 전부터 학교 시험에 암기만으로는 대비할 수 없는 서술형 문제가 출제되고 있으며, 일부 학교에서는 논술형 문제도 출제되고 있습니다. 제 아이가 초등학교 때부터 학교 시험에 서술형 문제가 출제되었고, 중학교에는 논술형 문제까지 포함되었습니다. 게다가 교육부는 새로운 대입 개편안에서 서술형과 논술형 문제의 출제 비중을 늘리겠다고 발표했습니다. 이제 암기만으로는 좋은 성적을 얻기가 어렵습니다.

그렇다면 평범한 제 아이가 초등 때 공부를 많이 하지 않았음에도 불구하고 서술형과 논술형 문제를 잘 풀며 전교 1등 성적을 유지할 수 있었던 이유는 무엇일까요? 그 이유는 바로 각 과목의 본질에 맞는 '제대로 된 공부'를 했기 때문입니다.

공부를 제대로 한다는 것은 각 과목의 본질에 맞는 학습법을 선택하는 것입니다. 국어와 영어는 언어 과목이기 때문에, 암기보다는 꾸준한 반복 노출을 통해 '습득'하는 것이 중요합니다. 이러한 점에서 가장 효율적이고 효과적인 초등 국어 학습 방법은 '독서'입니다. 영어도 마찬가지입니다. 언어 과목은 처음에는 듣기를 중심으로 꾸준히 접해야 하고, 이후에는 말하기와 읽기 활동을 함께 병행하는 것이 좋습니다. 이 과정에서 부모님이 주도하는 '엄마표 영어' 학습 방식이 큰 효과를 발휘할 수 있습니다.

수학의 본질은 '언어와 논리'라고 할 수 있습니다. 예를 들어 한글이나 영어처럼 수학도 일종의 언어입니다. 숫자와 기호, 연산 기호와 수학 용어에 각각의 의미가 담겨 있어, 수학 공부는 이러한 기호와 용어의 의미를 이해하고 논리적으로 해석하며 문제를 해결하는 과정입니다. 따라서 수학 공부를 제대로 한다는 것은, 수학 기호와 용어의 의미를 잘 이해하고 이를 조합하여 논리적으로 해석하는 능력을 기르는 것입니다. 이를 위해 수학의 개념을 제대로 이해하는 것이 중요합니다. 수학에서 개념을 모른다는 것은 기호와 용어의 의미를 모른다는 것과 같으며, 결국 문제를 해결할 수 없게 됩니다.

사회, 과학, 역사는 흔히 '탐구 과목'이라고 부릅니다. 사회와 과학은 탐구 과정을 통해 개념과 원리, 법칙을 이해하는 과목입니다. 역사는 시대별 주요 인물과 사건을 통해 인과관계를 이해하고 역사적 상상력, 탐구력, 판단력을 기르는 과목입니다. 현실적으로 학교에서 탐구 방식을 충분히 적용하기는 어렵지만, 예전보다 과학 실험 등의 탐구 방식이 확대되었으며 서술형, 논술형 문제도 출제되고 있습니다.

따라서 이러한 과목은 단순 암기보다는 개념과 원리, 법칙을 인과관계로 이해하며 공부하는 것이 좋습니다.

평범한 제 아이가 대치동의 국어·수학 선행 학습을 하지 않고도 서울대에 갈 수 있었던 이유는 바로 '제대로 된 공부'를 했기 때문입니다. 국어와 영어는 언어 과목답게 공부했고, 수학은 개념 중심으로 공부했으며, 사회와 과학, 역사는 최대한 이해하려고 노력한 덕분입니다.

5 평범한 내 아이를 서울대 보내는 비결

대치동과 같은 교육열이 높은 지역에서는 초등 고학년이 고등수학 심화 과정을 선행하는 것이 기본입니다. 국어 선행도 마찬가지로, 초등 고학년 시기에 수능 국어 시험 3등급을 목표로 삼고 있습니다. 이때의 3등급은 9등급제 기준으로 상위 23%에 해당하며, 같은 초등 고학년 내에서 상위 23%가 아니라, 고3 수험생과 동일한 수능 국어 문제를 풀고 그 학생들 중에서 상위 23%에 드는 것을 목표로 합니다. 즉, 초등 고학년 아이들이 고등학생들과 경쟁하는 것입니다.

전국에서 약 3%의 초등학생들이 이처럼 높은 수준의 선행 학습을 하고 있으며, 이들 중 1%가 서울대 주요 학과, 의대, 카이스트 등에 입학합니다. 서울대에 입학하지 못한 나머지 2%는 고려대와 연세대 등 다른 상위권 대학에 진학합니다.

하지만 이러한 방식으로 공부할 수 없는 97%의 아이들 중에서도 SKY나 의대에 입학하는 학생들이 분명히 있습니다. 제 아이 역시 그 97%에 속했으며, 이 아이들의 공부법은 앞서 언급한 선행 학습과는 다릅니다. 평범한 아이들이 SKY에 진학할 수 있는 방법은 무엇일까요? 제 아이가 해낸 방법을 여러분께도 추천하고 싶습니다. 이 방법은 특정 지역에 거주하지 않더라도 활용할 수 있으며, 초등 때부터 많은 공부량을 요구하지 않기 때문에 과도한 비용이나 아이의 스트레스도 낮은 편입니다. 다만 부모님이 이 학습법을 정확히 이해하고 6년6세~초등 4학년 정도의 꾸준한 노력이 필요합니다.

제 아이의 공부법의 핵심은 앞에서 언급한 4가지 원칙이며, 각각의 구체적인 가이드는 뒤에 자세히 설명해 두었습니다.

평범한 아이의 서울대 대비 초등 공부법

- 5세 때부터 책과 친해지게 했습니다.
- 초등 시기에는 공부량을 늘리기보다 효율적으로 학습했습니다.
- 여러 가지 공부 대신, 시기별로 1순위 공부에 집중했습니다.
- 비효율적인 공부 대신, 과목 본질에 맞게 제대로 공부했습니다.

99.9%를 벗어나는 자기주도 학습

PART 02

| 진짜 공부는 스스로 하는 법

'자기 주도 공부'는 모든 부모의 꿈과 희망입니다. 대부분의 부모님들은 내 아이가 공부를 잘하기를 바랍니다. 성인이 되어 험난한 사회에서 살아가는 것이 얼마나 힘든지 알기 때문에, 공부를 잘해서 좋은 대학에 진학하거나 전문직으로 사회에 진출해 조금이라도 더 안정적이고 편안한 삶을 살기를 바라는 것입니다. 그래서 아이를 볼 때마다 자주 나오는 말이 "공부 좀 해라"입니다. "이건 너를 위한 거야, 나를 위한 게 아니야"라고 말하게 되지요. 잔소리를 반복하다 보면, 결국 "아이가 스스로 공부하면 얼마나 좋을까?"라는 생각을 하게 됩니다.

앞으로는 자기 주도 학습 능력이 부모의 바람을 넘어, 상위권 대학에 진학하기 위해 필수적인 능력이 되었습니다. 교육부에서 발표한 2028학년도 대입 개편안에 따르면, 앞으로 아이들이 고등학교에서 소화해야 할 공부량이 더욱 늘어날 것으로 보입니다. 이 개편안이 적용되는 학생들은 2024년 기준으로 현재 중학생과 초등학교 4~6학년입니다. 초등 저학년이나 유치원 시기의 아이들에게도 큰 변화가 예상되며, 이들에게 적용될 대입 방안 역시 크게 다르지 않을 것입니다.

즉, 2024년 현재 초등학생과 유치원 시기 아이들이 고등학생이 되면, 이들이 마주할 학습량은 역대급 수준이 됩니다. 상위권 대학에 정시로 가려 해도 수능, 내신, 비교과 활동을 모두 챙겨야 하고, 수시로 가려 해도 마찬가지로 수능, 내신, 비교과 활동이 필수적이기 때문입니다.

그 어느 때보다 자기 주도 학습 능력이 중요해진 것입니다. 이 능력이 잘 갖춰져 있어야 고등학교 시기 엄청난 공부 분량을 효과적이고 효율적으로 소화할 수 있습니다.

2 "엄마 나 혼자 해볼래!" 가능할까?

자기 주도 학습 능력이 필수적이라고 말씀드렸는데요, 만약 아이가 초등 시기부터 스스로 공부할 수 있다면 부모 입장에서는 이보다 반가운 일이 없을 것입니다. 시켜서가 아니라 스스로, 능동적으로 공부를 한다면 부모가 "공부 좀 해라"라는 잔소리를 할 필요도 없고, 잔소리를 줄이니 부모와 아이 모두 스트레스를 덜 받을 수 있을 것입니다. 잔소리가 줄어들면서 관계도 더욱 좋아질 것이고, 부모 역시 아이에게 더 잘해 주게 되겠지요.

이렇다 보니 부모님들께서는 '자기 주도 학습'이라는 말에 자연스레 관심이 가게 됩니다. 실제로 초등학교나 도서관, 문화센터에서 유치원~초등 학부모를 대상으로 진행하는 강의 중에서도 '자기 주도 학습 능력'을 주제로 한 강의는 늘 높은 신청률을 기록합니다. 많은 부모님이 자녀의 자기 주도 학습을 바라고 있다는 의미입니다.

하지만 아이의 자기 주도 공부를 바란다면 먼저 '초등 시기에는 자기 주도 공부가 불가능하다'는 현실을 이해해야 합니다. 초등 시기부터 아이가 자기 주도적으로 공부했으면 좋겠다는 바람은 부모의 입장이며, 아이에게는 불가능한 요구입니다.

자기 주도 공부를 하려면 무엇보다 '공부를 해야 한다'는 자발적 필요를 스스로 느끼는 것이 먼저입니다. 그러나 아무도 숙제를 내주지 않고 공부하라는 말을 하지 않았는데도, 스스로 '공부를 해야겠다'고 생각하는 초등학생은 거의 없습니다. 또, 자기 주도적으로 공부하려면 스스로 목표를 세우고 계획을 짜야 하는데, 이를 위해서는 학습 자료와 시간을 조정할 수 있어야 합니다. 예를 들어 교과서, 문제집,

프린트 자료 중 무엇을 선택해 공부할지, 일주일에 몇 번 공부할지, 어느 시간대에 할지, 어떤 공부에 더 많은 시간을 투자할지 등을 결정해야 합니다. 이러한 자기 주도 학습은 상위 1%의 아이들조차도 초등 시기에는 할 수 없는 일입니다.

결국, 초등 시기에 아이에게 자기 주도 공부를 요구하는 것은 불가능한 일을 강요하는 셈입니다. 이러한 요구는 아이와 부모 모두에게 스트레스만 줄 뿐입니다. 초등 시기에는 부모 세대 중에서도 자기 주도적으로 공부한 경험이 거의 없습니다. 혹시 있더라도 극소수일 뿐이며, 절대 일반화할 수 없습니다. 상위 1%의 아이들조차 대부분 초등 시기에는 자기 주도로 공부하지 못하는 것이 현실입니다.

3 진짜 공부하는 아이 필수 요소 3가지

자기 주도 학습 능력이 필수라고 했지만, 초등 시기에는 자기 주도적으로 공부하기가 어렵습니다. 그렇다면 초등 시기에는 무엇을 해야 할까요? 초등 때 해야 할 것은 자기 주도로 공부하는 것이 아니라, 이후 자기 주도 학습이 가능해지도록 기초 능력을 탄탄히 다지는 것입니다. 자기 주도 학습 능력은 고차원적인 학습 능력으로, 운동 경기로 치면 최종 단계에 해당하는 능력입니다.

수영을 예로 들면, 처음부터 경기에 나가지 않습니다. 우선 물에 몸을 담그는 것부터 시작해 잠수법, 팔 젓기, 다리 젓기 등 여러 가지 기초 훈련을 하나씩 배우고 익히며, 물에서 숨 쉬는 법과 팔, 다리를 동시에 움직이는 법도 배워야 합니다. 즉, 경기 준비를 위해서는 다양한 기초 훈련이 필요합니다.

자기 주도 학습도 마찬가지입니다. 아이가 자기 주도 학습을 효과적으로 하려면 기초 능력부터 충분히 갖춰야 합니다. 개념과 원리를 이해하는 능력, 이를 기억하는 암기력, 문제 해결 능력, 문제 해결 과정을 설명하는 능력이 바로 그런 기초 능력입니다. 자기 주도 학습이 가능하려면 이러한 기초 능력을 충분히 훈련해야 하며, 초등 시기는 이 기초 능력을 쌓는 시기입니다. 즉, 경기 출전을 위해 기초 훈련을 하는 시기와 같습니다.

상위 1% 아이들도 이 과정은 똑같이 거칩니다. 수영 실력 상위 1% 아이들도 처음부터 경기에 나가거나 메달을 딴 것이 아닙니다. 처음에는 모두 기초부터 훈련을 시작하며, 기초가 튼튼한 아이들은 메달권 선수로 성장할 수 있지만, 기초가 약한 아이들은 경기에 참가하는 데 의의를 두는 경우가 많습니다. 공부도 이와 같습니다. 유아~초등 시기에 기초 학습을 제대로 쌓은 아이들은 중학교부터 자기 주도 학습을 적용하면서 상위권 대학서울대·연세대·고려대을 목표로 나아갈 수 있습니다. 반면, 기초가 부족한 아이들은 수동적인 학습 태도로 인해 목표가 점점 멀어지기 쉽고, 사춘기까지 겹치면 소위 서성한서강대·성균관대·한양대, 중경외시중앙대·경희대·한국외대·서울시립대 등 대학에 진학하기도 어려워질 수 있습니다.

따라서 유아~초등 시기에 자기 주도 학습의 기초 능력을 충분히 훈련한 아이들은 고등학교에 들어가서도 이 기초를 바탕으로 절반 이상 자기 주도적으로 공부를 해나갈 수 있습니다. 이러한 기초가 다져진 아이들은 학원이나 인강 같은 사교육을 활용할 때에도 스스로 계획을 세워 자기 주도적으로 학습을 진행할 수 있습니다.

문해력

　고등학교에서 상위 1%에 진입하려면 필수적인 자기 주도 학습 능력이 필요하고, 이 능력을 기르기 위해 초등 시기에는 기초 능력을 훈련하는 것이 중요합니다. 그 기초 능력 중 가장 먼저, 그리고 가장 중요하게 훈련해야 할 것이 '문해력'입니다. 영어를 못하거나, 연산 속도가 빠르지 않거나, 한자에 익숙하지 않더라도 자기 주도 학습 능력에는 큰 지장이 없습니다. 그러나 문해력이 부족하면 자기 주도 학습 능력에도 한계가 생깁니다. 문해력은 자기 주도 학습에 절대적인 영향을 미치는 능력이기 때문입니다.

　공부의 시작은 읽기입니다. 책이든 교과서든 문제집이든, 공부 자료의 개념과 원리, 법칙 등을 이해하려면 우선 읽어야 합니다. 이러한 기초 내용을 읽고 이해해야만 다음 단계의 학습으로 넘어갈 수 있습니다. 그러나 문해력, 즉 읽는 능력이 부족하다면 개념이나 원리를 이해하기 어려워지고, 이로 인해 다음 단계로도 잘 넘어가지 못하게 됩니다.

　물론, 수업이나 학원에서 선생님의 설명을 들으며 개념과 원리를 이해할 수 있습니다. 그러나 이 방식에 의존하게 되면, 결국 '누군가가 내게 설명해 주어야만 이해하는 수동적인 학습 방식'에 머물기 쉽습니다. 이 경우 고등학교 수행평가나 세부 능력 및 특기 사항 작성 등에서 추가적인 탐구활동을 스스로 해내기 어렵습니다. 수행평가나 탐구활동에는 '내가 이해할 수 있도록 설명해 주는 강의'가 없기 때문입니다.

　수업 시간에 선생님의 설명을 통해 이해한 내용도 자기 지식으로 만들려면 반드시 복습이 필요합니다. 이 복습 역시 시작은 '읽기'에서 출발합니다. 선생님의 설명을 기록한 노트를 읽거나, 프린트 자료를 읽거나, 교과서에서 중요한 부분을 다시 읽는 등 복습의 첫걸음은 언제나 읽기입니다. 문해력은 자기 주도 학습의 필수 요소이며, 모든 학습 활동에 중요한 영향을 끼칩니다. 그렇다면 초등 시기에 문해력을 어떻게 길러야 할까요?

초등 시기에 문해력을 기르는 방법은 단 하나, 바로 '많이 읽기'입니다. 요리를 잘하려면 요리를 많이 해 봐야 하고, 수영을 잘하려면 수영을 많이 해 봐야 하는 것처럼, 읽기 역시 많이 읽어 봐야 잘하게 됩니다. 요리와 수영에서 재료나 기본 기술에 대한 이론 지식도 중요하지만, 실제로 해보는 것만큼 큰 도움이 되지는 않습니다. 문해력 역시 '읽기'라는 활동 자체를 많이 해 보는 것이 실력을 기르는 가장 좋은 방법입니다.

그렇다면, 초등 아이에게 자주 읽힐 수 있는 읽을거리는 무엇이 있을까요? 교과서, 문제집, 신문, 잡지, 백과사전, 만화책, 그림책, 글책 등이 있지만, 초등 시기 문해력 훈련에 가장 적합한 읽을거리는 '그림책과 글책'입니다. 왜냐하면 많이 읽어야 하기 때문입니다. 교과서나 문제집, 신문, 잡지, 백과사전도 문해력 향상에 도움이 되기는 하지만, 대개 아이들이 선호하지 않아서 자주 읽기가 어렵습니다. 만화책 위주로 읽을 경우에는 문해력보다는 오히려 주의력 부족이나 집중력 저하 같은 부작용이 생길 가능성이 큽니다.

문해력 훈련의 가장 중요한 원칙은 '많이 읽는 것'입니다. 그리고 초등 시기 아이들이 자주 읽을 수 있는 것은 교과서나 문제집보다는 부담 없이 읽을 수 있는 책입니다. 그림책으로 시작해 삽화가 많은 책, 삽화가 일부 있는 책, 그리고 글 위주의 책으로 점차 단계를 높여 가되, 언제나 아이들이 쉽게 접근할 수 있는 책 위주로 선택하는 것이 좋습니다. 이처럼 독서를 통한 훈련이 문해력을 길러주는 유일한 방법이며, 가장 좋은 방법이기도 합니다.

공부 습관

초등 시기 자기 주도 학습의 기초 능력을 키울 때 두 번째로 중요한 요소는 '공부 능력과 공부 습관'입니다. 이것은 너무도 뻔해 보이지만, 현실에서는 제대로 이루어지지 않는 경우가 많습니다. 실제로 많은 아이들이 이 부분에서 어려움을 겪으며, 이는 적기를 놓치거나 비효율적인 방식으로 공부하기 때문입니다.

우선, '공부 능력과 습관을 기르기 위한 적기'가 언제인지부터 알아보겠습니다. 자기 주도 학습을 하려면 공부 능력이 훈련되고 공부하는 습관이 잡혀 있어야 합니다. 초등 시기 내내 놀다가 중학교에 들어가자마자 매일 3시간 이상 공부하기는 어렵습니다. 몸과 마음이 아직 공부에 적응하지 않았기 때문에 공부를 하고 싶어도 쉽지 않습니다. 특히 상위권 대학을 목표로 한다면 초등 고학년부터 공부량을 늘려야 하므로, 초등 저학년부터 공부 능력과 습관을 미리 길러놓는 것이 중요합니다.

물론, 초등 시기 내내 공부를 많이 하지 않고도 상위권 대학에 진학하는 경우도 있지만 이는 극소수의 예외일 뿐이므로 일반화할 수 없습니다. 초등학교 1학년에서 4학년 사이에 공부 능력을 훈련하고 공부 습관을 형성하는 것이 국내 상위권 대학 진학을 목표로 할 때 필수적입니다.

두 번째로 비효율적인 공부 방법을 피해야 합니다. 독서는 공부와 밀접한 관련이 있지만, 자동으로 공부까지 잘하게 만드는 것은 아닙니다. 독서는 주관적으로 읽고 자신의 생각을 자유롭게 표현하는 학습이지만, 공부는 객관적으로 읽고 논리적으로 정답을 찾아내는 활동입니다. 따라서, 공부 능력과 습관을 기르려면 객관적으로 읽고 생각하는 경험을 꾸준히 해야 합니다.

이 경험을 국어, 영어, 수학, 사회, 과학 등 여러 과목에 나눠서 하다 보면 효율성이 떨어집니다. 공부 경험이 여러 과목에 분산되면, 결과적으로 많은 시간을 들였음에도 불구하고 어느 하나도 확실하게 잘하지 못할 수 있습니다. 따라서 공부 능력을 훈련할 때에는 한 과목에 집중하는 것이 좋으며, 그 과목은 바로 '수학'입니다.

앞서 문해력과 다독이 중요하다고 했습니다. 다독을 통해 문해력을 기르면 국어, 사회, 과학 공부의 절반 이상이 해결됩니다. 따라서, 공부 훈련은 수학으로만 집중하는 것이 가장 효율적입니다.

또한 수학 공부 자체도 지나치게 많은 종류의 수학 학습법을 병행하면 오히려 효율성이 떨어집니다. 예를 들어 '창의 수학, 놀이 수학, 융합 수학, 사고력 수학' 등 각기 의미가 있고 효과도 있지만, 이보다 더 중요한 것은 문해력(다독), 체험활동, 예체능 활동과 놀이입니다. 즉, 공부 경험은 생활의 일부에 해당해야 하므로, 수학 공부에서도 선택과 집중이 필요합니다.

우리나라 교육 현실에서 수학 공부 1순위는 '교과서 개념과 원리 공부 + 필요한 만큼 연산 연습 + 내신 문제 해결 능력'입니다. 이러한 기본을 먼저 충실히 다지고, 그 외에 더 할 여유가 생긴다면 추가적으로 사고력 수학을 포함할 수 있습니다. 그러나 실제로는 수학 외의 시간도 필요하므로, 기본 수학 학습만으로 충분한 경우가 대부분입니다.

결론적으로, 초등 시기에 수학 공부는 단순히 수학 과목 학습을 넘어 전반적인 '공부 능력과 공부 습관'을 기르는 학습입니다. 초등 1~4학년 동안 수학에 규칙적이고 꾸준히 집중하면, 전반적인 공부 능력 훈련에도 큰 도움이 됩니다.

어휘력

어휘력이 중요하다는 것은 잘 알려진 사실입니다. 특히 자기 주도 학습에서 절반 이상의 비중을 차지하는 문해력에 있어 어휘력은 핵심적인 요소입니다. 초등 시기 어휘력 훈련의 핵심은 '어떻게 효율적으로 어휘력을 키울 것인가?' 입니다. 이에 대해 정리해 보았습니다.

1. 어휘력을 키우는 가장 효율적인 방법은 '비문학 다독'입니다. 비문학(사회, 과학, 역사 등) 분야의 다독을 통해 자연스럽게 어휘력이 강화됩니다. 다독은 아이가 더 많은 어휘를 접하게 해 줄 뿐만 아니라, 모르는 어휘가 나왔을 때 문맥을 통해 의미를 추론하는 능력도 키워줍니다. 이런 이유로 문해력 향상을 위해 비문학 독서가 강조되는 것입니다.

2. 만약 다독만으로 어휘력이 충분히 길러지지 않는다면 어떻게 해야 할까요? 많은 사람들은 한자 학습을 떠올립니다. "우리나라에는 한자어가 많고, 주요 과목의 핵심 어휘들도 한자어가 많기 때문에 한자 공부가 어휘력 향상에 도움이 된다"라는 주장은 설득력 있게 들립니다. 그러나 한자 하나하나를 외우는 방식은 초등 시기 어휘력을 훈련하는 데 비효율적일 수 있습니다.

3. **예를 들어, 다음과 같은 주요 교과 어휘가 있습니다.**

   - **약수** : 맺을 약約 + 셈 수數 — 어떤 정수를 나누어떨어지게 하는, 0이 아닌 정수
   - **고원** : 높을 고高 + 언덕 원原 — 해발 고도 600미터 이상의 넓은 평지
   - **퇴적암** : 쌓을 퇴堆 + 쌓을 적積 + 바위 암巖 — 퇴적 작용으로 생긴 암석

   이런 용어들을 이해할 때, 해당 한자 예)약수의 '맺을 약'를 하나하나 외우는 것보다

용어의 전체 의미를 이해하는 것이 훨씬 더 중요합니다. 따라서 초등 시기 어휘력 강화를 위해 한자를 지나치게 암기할 필요는 없습니다.

4. 어휘력을 기르기 위한 교재를 활용할 때는, 한자 자체를 암기하거나 쓰기 연습을 하는 대신, 한자의 음과 뜻을 바탕으로 어휘의 개념을 쉽게 이해하는 것에 집중해야 합니다. 어휘력 향상 교재는 한자 공부가 아니라 어휘력을 키우기 위한 자료로 활용하는 것이 핵심입니다.

다독만으로 어휘력이 충분하지 않다면, 교과서의 핵심 어휘를 중심으로 학습하는 것이 효율적입니다. 비문학 어휘는 광범위하기 때문에, 우선 초등 교과서에 나오는 수학, 사회, 과학의 핵심 어휘부터 집중적으로 학습하는 것이 좋습니다. 이는 초등, 중등, 고등 교육과정이 서로 긴밀하게 연계되어 있기 때문입니다. 예를 들어, 초등 수학에서 배운 개념은 중등 수학의 기초가 되고, 중등 수학은 고등 수학의 토대가 됩니다. 초등 시기에 교과서의 주요 어휘를 완벽히 익히는 것이, 이후 학습의 효율성을 높이는 지름길입니다.

4-1 스스로 학습을 완성하는 전략 (중등)

초등 시기에는 자기 주도 학습이 거의 불가능했지만, 중학교 때는 가능합니다. 학습 경험이 쌓이고 공부의 필요성에 대한 이해도가 높아졌으며, 대학 입시라는 목표도 점차 실감하게 되기 때문입니다. 그러나 중학교 시기에도 모든 공부를 자기 주도 방식으로 진행하기는 어렵습니다. 자기 주도 학습은 목표 설정과 계획 수립이 필요하나, 중학교 과정에서 아이가 스스로 목표를 세우고 계획을 짤 수 있는 공부는 일부에 불과하기 때문입니다. 따라서 중학교 때에는 자기 주도 학습으로 진행할 공부와 그렇지 않은 공부를 구분해 학습해야 합니다.

5. 자기 주도 방식으로 할 수 있는 공부는 중간고사와 기말고사 대비입니다. 이 부분은 많은 부모님들도 중학생 때 스스로 했던 경험이 있어 도움을 줄 수 있습니다. 중1 시기에는 부모님이 다소 주도하며 자기 주도 학습을 함께 경험해 보고, 중2 때에는 아이가 주도적으로 준비하면서 부모님이 조언하는 역할을 맡고, 중3 때는 아이가 스스로 준비하는 것이 이상적입니다. 초등 시기에는 자기 주도 학습을 위한 기초 능력을 길렀다면, 중학교 때는 이 기초를 바탕으로 중간고사와 기말고사를 자기 주도 방식으로 준비하며 실전 경험을 쌓는 시기입니다.

6. 평소에 진행하는 국어, 영어, 수학 공부는 자기 주도 방식으로 하기 어렵습니다. 평소의 국·영·수 학습은 중간고사나 기말고사를 직접 대비하는 공부가 아닌, 고등학교와 대입을 염두에 둔 학습이기 때문에 목표와 계획을 아이가 직접 정하기 힘듭니다. 따라서 평소에는 학원이나 집에서 정해준 학습 계획에 따라 다소 수동적으로 공부하고, 시험 기간이 다가오면 중간·기말고사 대비에 집중하며 자기 주도 학습 능력을 훈련하는 것이 바람직합니다.

7. **중간·기말고사 준비 방법**

- **목표와 계획 수립** : 중간고사나 기말고사 일정이 나오면, 각 과목별로 목표 점수를 설정하고, 과목당 공부할 시간을 배분하며 필요한 자료를 결정합니다.

- **준비 기간과 과목별 공부 시간** : 보통 중간고사는 5~6과목으로 시험 기간은 약 10일~2주이며, 한 과목당 2~3일을 배정합니다. 기말고사는 8~9과목으로 약 15일~20일 정도 준비하며, 준비 방식은 중간고사와 유사합니다.
- **공부 자료 준비** : 각 과목별로 선생님이 수업 시간에 주로 사용한 자료_{교과서,} _{프린트물}를 준비하고, 시험 대비 문제집이나 교재를 미리 주문해 둡니다.
- **과목 공부 순서** : 별도의 이유가 없다면 가장 먼저 보는 시험 과목을 가장 마지막에 공부하는 순서로 계획을 세웁니다.

8. 자기 주도 학습의 점진적 훈련

중1 때는 부모님이 주도하되 아이가 목표 설정, 계획 수립, 자료 선택 등을 함께 경험해 봅니다. 처음에는 목표나 계획이 다소 비효율적일 수 있습니다. 중요한 것은 처음부터 완벽하게 하는 것이 아니라, 시행착오를 통해 점차 나아지는 과정이라는 점을 부모님이 꼭 기억해야 합니다.

4-2 스스로 학습을 완성하는 전략 (고등)

고등학교에 진학하면 부모님의 학습 코치 역할은 크게 줄어듭니다. 대학 입시 준비가 본격적으로 시작되면서 부모의 역할을 학교 선생님이 이어받고, 무엇보다도 학생 스스로 학습 계획을 세우고 판단하는 일이 많아지기 때문입니다. 이 시기부터는 학생의 결정권이 커지고, 코치 역할이 부모에서 학교 선생님으로 넘어갑니다. 따라서 고등학교를 선택할 때는 대학 입시에 대한 노하우가 풍부한 학교를 선택하는 것이 중요하며, 부모는 아이의 건강과 심리적 안정을 지원하는 데 주력해야 합니다.

9. 고등 시기에 특히 잘 활용해야 할 것 : 방학과 인강

학기 중에는 해야 할 일이 많아 보충 학습을 할 시간이 부족합니다. 기본적으로 중간고사와 기말고사 준비, 과목별 수행평가, 주요 비교과 활동, 교내 대회 준비 등이 진행되기 때문에 부족한 과목을 보충할 기회가 적습니다. 따라서 방학은 학기 중 부족했던 부분을 보충할 수 있는 유일한 시기입니다. 이 시기를 어떻게 활용하느냐에 따라 목표 대학이 달라질 수 있습니다.

10. 인강인터넷 강의 활용

보충해야 할 학습량은 많은 데 반해 방학 기간은 제한적입니다. 또한 이동 시간까지 고려할 때, 일부 보충 학습은 현장 강의보다 인강을 활용하는 것이 효율적입니다. 다행히 초등과 중등 시기에 자기 주도 학습 경험이 잘 쌓였다면, 학생 스스로 부족한 부분을 파악하고 필요한 강의를 찾아서 결정할 수 있습니다. 자기 주도 학습을 경험해 본 학생은 인강이나 학습 자료를 더욱 효과적으로 활용할 수 있습니다.

11. 고등 시기는 자기 주도 학습 능력을 발휘하는 시기

고등학교 시기는 더 이상 자기 주도 학습을 훈련하는 시기가 아니라, 그동안 훈련해 온 자기 주도 학습 능력을 발휘하는 시기입니다. 잘 훈련된 학생은 방학과 인강을 통해 주도적으로 학습을 이어가며 실력을 한 단계 높일 수 있습니다. 반면, 자기 주도 학습이 잘 훈련되지 않은 학생은 현재의 실력을 유지하는 데 그칠 가능성이 큽니다. 이 차이는 초등 시기의 독서와 수학 공부에서부터 시작됩니다.

따라서 초등 시기의 학습 경험이 중학교와 고등학교 성적에 큰 영향을 미친다는 점을 기억해야 합니다. 과거처럼 "때가 되면 알아서 공부하게 된다"라는 생각은 오늘날의 입시 상황에서는 더 이상 맞지 않습니다.

초등 공부 Big Picture

PART 03

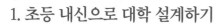

| 초등 내신으로 대학 설계하기

가장 먼저 해야 할 것은 큰 그림(big picture) 그리기

아이의 초등 공부에서 가장 중요한 것이 무엇일까요? 각 연령과 학년에 따라 다양한 주장이 있습니다. 7세 예비 초등 시기에는 창의력, 독서, 연산 등을, 초등 1학년 시기에는 영어, 사고력 수학, 독서 등을 추천하기도 하며, 학년에 따라 각 전문가들은 나름의 근거를 들어 여러 가지 조언을 제공합니다.

이런 주장을 듣고 있으면 "맞아! 이게 중요하겠지!"라고 공감하게 되지만, 또 다른 전문가의 의견을 듣고 나면 "아, 이것도 중요하겠네!"하고 공감하게 됩니다. 이런 식으로 각각의 주장에 공감만 하다 보면 정작 중요한 시기를 놓쳐버리는 경우가 많습니다.

그렇다면 왜 이런 혼란이 생기는 걸까요? 바로 아이의 공부에 대해 큰 그림big picture을 그리지 않아서입니다. "나무를 보지 말고 숲을 보라"는 말처럼, 아이의 전반적인 학습 목표와 방향을 설정하는 것이 중요합니다. 너무 당연한 말이지만, 실제로 아이 공부의 큰 그림을 그려 둔 부모는 많지 않습니다. 유아~초등 학부모는 물론, 중등 학부모도 종종 이와 같은 혼란을 겪으며 방향성을 놓치는 경우가 있습니다.

10년 가까이 유아~초등 학부모를 대상으로 강의를 진행하면서 깨달은 사실은, 대부분의 부모가 아이 공부의 큰 그림을 제대로 설정하지 못한다는 것입니다. 아이가 공부를 잘하기를 바란다면, 가장 먼저 해야 할 일은 문제집이나 사교육을 선택하는 것이 아닙니다. 부모가 해야 할 가장 첫 번째 일은 아이의 학습에 대한 큰 그림을 그리는 것입니다.

큰 그림을 그려야만 시기별로 우선순위를 정확하게 정할 수 있으며, 과목별 공부 분량을 적절히 조절할 수 있습니다.

큰 그림(big picture)을 그리기 위해 목표부터 명확히

초등 시기의 공부에서 가장 중요한 것은 큰 그림big picture을 그리는 것입니다. 큰 그림을 제대로 그리려면, 무엇보다 목표부터 명확히 설정해야 합니다. 아이의 학습 목표가 무엇이냐에 따라 큰 그림의 방향과 모습이 달라지기 때문입니다.

예를 들어, 아이가 하고 싶은 일을 찾는 것이 목표라면 영어 학원이나 수학 선행보다 체험과 탐방, 진로 탐색이 더 중요합니다. 이 경우, 학습 계획을 세울 때 국·영·수 과목보다는 체험 활동과 진로 탐색 활동을 우선해야 합니다. 만약 진로를 중시한다고 하면서도 실제로는 국·영·수 비중이 가장 크다면, 목표와 세부 계획을 다시 검토할 필요가 있습니다.

또한, 초등 시기에는 성적보다 행복한 시간이 더 중요하다고 생각하신다면, 초등학교 고학년까지 예체능 활동의 비중을 높게 두고, 아이가 즐겁게 할 수 있는 활동을 찾는 데 집중해야 합니다. 단, 게임은 초등 시기 뇌 발달에 좋지 않으므로 신중히 접근해야 합니다. 만약 '최소한 들어 본 대학 진학'이 목표라면, 중학교부터 본격적으로 공부하기 시작하는 것은 늦을 수 있습니다. 현재의 입시 환경은 우리 부모 세대와 다르기 때문입니다.

제가 지난 10년간 다양한 학부모를 만나면서 확인한 바로는, 초등 시기에 공부를 1순위로 두지 않는 경우는 소수였고, 대부분의 부모님이 SKY 또는 상위권 대학, 최소한 들어본 대학 진학을 희망했습니다. 따라서, 이 글에서 설명하는 큰 그림big picture은 이러한 다수 부모님의 목표를 기준으로 정리합니다.

만약 각자의 목표가 다르다면, 큰 그림 또한 그에 맞춰 새롭게 구상해야 합니다.

대입 개편안으로 바뀐 학습 전략

아이가 최소한 "들어본 대학"에 진학하는 것을 목표로 큰 그림을 그리기로 했다면, 구체적인 계획을 세우기 전에 반드시 '기준'을 정해야 합니다. 학년별로 무엇이 1순위인지, 과목별로 어느 수준까지 공부해야 하는지 등 구체적인 기준이 필요합니다. 이렇게 해야 막연하거나 비효율적인 계획이 아니라, 구체적이고 명확한 계획을 세울 수 있습니다. 우리나라에서는 이 기준이 바로 대입 개편안입니다.

1순위가 무엇인지도 대입 개편안에 따라 달라집니다. 예전에는 영어가 1순위였던 때가 있었습니다. 당시에는 '영어 특기자 전형'이 활성화되어 있었고, 영어 능력만으로도 상위권 대학, 심지어 SKY 대학에 진학할 수 있었습니다. 글로벌화가 강조되면서 기업과 대학에서 영어 능력을 중시했기 때문에, 영어를 우선시하는 학습이 중요했습니다. 그 영향으로 초등 시기부터 영어 교육이 강조되었고, 고가의 영어유치원이 유행하기도 했습니다.

그러나 현재의 대입 개편안에서 영어는 더 이상 1순위가 아닙니다. 몇 년 전부터 수능 영어가 절대 평가 방식으로 전환되었기 때문입니다. 절대 평가에서는 90점 이상만 받으면 1등급을 받을 수 있어 상위권 대학 진학에 미치는 영향이 예전보다 줄어들었습니다. 이제 초등 내내 영어를 공부의 1순위로 삼을 필요는 없습니다.

- **상대 평가** : 상위 4%만 1등급을 받는 평가 방식100명 중 상위 1~4명만 1등급.
- **절대 평가** : 90점 이상이면 누구나 1등급을 받는 방식90점, 95점, 100점 모두 1등급.
- 수능 영어는 절대 평가로 진행되며, 90점 이상이면 1등급이 됩니다.

또한, 수학 선행이 강조된 것도 대입 개편안 때문입니다. 과거 학력고사나 수능 위주로 대학 신입생을 선발할 때에는 수학 선행이 중요하지 않았습니다. 그러나 수능 외에 수시 학생부종합전형학종이 생기면서 고등학교의 내신, 활동, 성취도를 종합 평가하게 되었고, 이로 인해 수학 선행 학습이 중요해졌습니다. 상위권 대학을 목표로 할 경우 초등 고학년 때 고등 수학 심화까지 선행이 필요하다는 말까지 나올 정도입니다.

위의 사례만 보더라도 대입 개편안이 아이 공부에 미치는 영향은 절대적입니다. 따라서 아이의 공부 계획을 세울 때, 큰 그림big picture은 반드시 대입 개편안을 기준으로 그려야 합니다.

초등 시기에 가장 중요한 공부는 내신

초등 시기 아이의 공부에서 가장 중요한 것은 내신입니다. 현실적으로 창의력 훈련, 융합, 사고력 수학, 논술, 수행평가 등이 아니라 '내신'이 중요합니다.

초등 시기 내신 공부의 핵심 요소는 다음의 네 가지입니다.

1. **문해력** : 초등 시기에는 문해력을 최대한 탄탄하게 길러야 합니다. 문해력은 모든 학습의 기초가 되는 능력으로, 글을 읽고 이해하는 힘이 강할수록 이후 모든 과목 공부에 도움이 됩니다.

2. **수학 공부 제대로 하기** : 수학은 중등·고등 내신 성적의 기반이 되기 때문에 초등 시기부터 제대로 공부하는 것이 중요합니다.

3. **영어 꾸준히 접하기** : 영어는 절대 평가로 바뀌었지만, 꾸준히 접하는 것이 중요합니다. 초등 시기에는 영어에 대한 흥미를 키우고, 중·고등에서 필요한 어휘와 독해 실력을 천천히 쌓아가야 합니다.

4. 과목별 내신 서술형 문제 해결 능력 기르기 : 서술형 문제 해결 능력은 대입 평가에서 중요해지고 있는 부분으로, 아이가 자신의 생각을 정확하게 표현하고 문제에 대한 해답을 논리적으로 서술할 수 있게끔 훈련하는 것이 필요합니다.

시기별 1순위 공부는 다음과 같습니다.

- **7세**예비 초 ~ **초등학교 2학년** : 문해력을 최대한 탄탄하게 기르기
- **초등학교 3학년 ~ 4학년** : 영어에 꾸준히 노출되며 영어 실력을 점진적으로 키우기
- **초등학교 5학년 ~ 중학교** : 수학 공부 제대로 하며, 가급적 선행도 병행하기

이것이 아이 공부의 큰 그림이며, 내신을 중시하는 이유는 대입 개편안에 기인합니다.

앞으로 적용되는 대입 개편안의 핵심

초등 시기의 공부에서 큰 그림big picture을 그리기 위해, 부모님은 새로운 대입 개편안의 핵심을 잘 이해해야 합니다. 이러한 근거가 명확해야만 초등 학습의 방향성에 대한 확신이 생기고, 사교육 마케팅에도 흔들리지 않고 중심을 잡을 수 있기 때문입니다.

2028년 대입 개편안의 핵심은 크게 세 가지로 요약할 수 있습니다.

1. 기존의 정시와 수시 전형 위주 선발 방식 유지

현재 대입 체제는 정시_{수능 시험}와 수시_{학생부종합전형}로 나누어져 있습니다. 정시는 고3 11월에 치러지는 '수능 시험 성적만으로 대학에 입학'하는 방식이고, 수시는 고등학교 동안 쌓아 온 '학생부 기록을 바탕으로 평가'하는 방식입니다. 이번 2028년 개편안에서도 정시와 수시 전형 자체는 크게 변하지 않았고, 논술 전형도 완전히 폐지되지는 않았습니다. 따라서 대학 진학의 경로는 기존과 같지만, 세부 내용에서는 큰 변화가 생깁니다. 정시와 수시라는 틀은 유지되지만, 그 내용이 달라지기 때문에 부모님들은 기존의 정시, 수시 방식을 기준으로 계획을 세우지 않도록 주의가 필요합니다.

2. 수능과 내신 시험의 변별력 하락

변별력은 성적이 상위권, 중위권, 하위권으로 잘 나뉘는지를 나타내며, 변별력이 낮다는 것은 학생들 사이의 성적 차이가 잘 드러나지 않음을 뜻합니다. 2028년 대입 개편안에 따르면, 가장 중요한 두 시험인 수능과 내신 시험의 변별력이 낮아질 가능성이 있습니다.

- **수능 시험 변별력 하락** : 개편안에 따라 수능 시험 과목은 고1 때 배우는 공통과목과 고2 때 배우는 일반 선택과목 중 일부로 정해졌습니다. 특히 사회, 과학은 고1 수준의 공통 과목만을 바탕으로 평가됩니다. 이는 시험의 난이도가 낮아져 '수능에서 변별력이 떨어질 수 있음을 의미'합니다.

- **내신 시험 변별력 하락** : 개편안에서는 고교 내신 평가가 9등급제에서 5등급제로 축소됩니다. 예전에는 상위 4%만 1등급이었으나, 이제는 상위 10%가 1등급을 받게 됩니다. 이렇게 되면 내신 성적에서 상위 학생과 중위 학생을 구분하기 어려워져 '내신 시험의 변별력도 낮아질 가능성'이 큽니다.

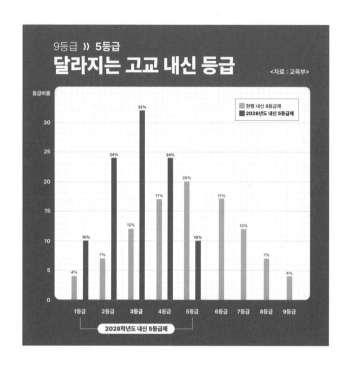

9등급 » 5등급
달라지는 고교 내신 등급
<자료 : 교육부>

3. 초·중·고 내신 시험의 서술형·논술형 문제 출제 강화

수능과 내신의 변별력이 낮아짐에 따라 서술형·논술형 문제의 비중이 더 높아질 예정입니다. 교육부는 내신 시험의 서술형·논술형 문제를 강화하여 시험 난이도를 높이는 대안을 제시했습니다. 시험이 어려워질수록, 그 어려운 시험에서 상위 10% 안에 드는 학생들을 '공부를 잘하는 학생'으로 인정할 수 있다는 이유에서입니다.

이 세 가지 변화가 아이 공부의 큰 그림big picture에 중요한 이유는 대입에서 요구하는 능력이 변하고 있기 때문입니다.

새 대입 개편안으로 인한 대학 입학 전형의 변화

대입 개편안뿐만 아니라, 대학의 입학 전형 변화도 초등 시기 아이 공부의 큰 그림을 그리는 데 중요한 근거가 됩니다. 부모님이 이 부분도 잘 이해하고 계셔야 학습 방향에 대한 확신을 갖고 흔들리지 않게 됩니다. 대입 개편안에 따라 수능과 고교 내신의 변별력이 낮아질 것으로 보이는데, 대학들은 이 문제를 어떻게 해결하려 하고 있을까요?

1. 정시에서 '내신 반영'의 확대

앞서 언급했듯이, 수능과 고교 내신 시험의 변별력이 낮아지면, 대학들도 지원자들 간의 실력을 가리기 위해 변별력을 보완할 방법이 필요해집니다. 그 대안 중 하나로 등장한 것이 '정시에서 교과 평가 반영'입니다. 전통적으로 정시는 수능 성적만으로 신입생을 선발해 왔지만, 수능 시험의 범위 축소로 변별력이 약화됨에 따라 최상위 대학들은 정시에서도 내신 성적을 함께 반영하는 방식으로 전환하고 있습니다. 이는 서울대, 고려대, 연세대를 비롯해 한양대까지 확산되고 있으며, 다른 대학들도 이 변화를 따라갈 가능성이 큽니다.

- **서울대** : 2023학년도부터 정시에 내신 반영
- **고려대** : 2024학년도부터 정시에 내신 반영
- **연세대, 한양대** : 2026학년도부터 정시에 내신 반영 예정

이 변화의 의미는, 앞으로 정시에서도 수능 성적뿐 아니라 내신 성적이 최상위 대학 입시에 중요한 요소로 자리 잡게 된다는 것입니다. 따라서 초등부터 고등까지 내신의 중요성이 크게 증가합니다.

2. 수시 학생부 전형에서 '세특' 비중 증가

수시에서 내신 시험의 변별력이 낮아지는 상황에 대해 대학들은 학생부 세부능력 및 특기사항세특 비중을 더 강화하는 방식으로 대응할 예정입니다.

세특은 고등학교 3년 동안 각 과목에 대한 학생의 성취 수준, 지적 호기심, 학습 태도 등을 교사들이 관찰하고 기록한 항목입니다. 이는 학생의 내신 과목에 대한 공부 수준을 다방면에서 평가하는 자료로, 대학들은 이를 통해 지원자의 과목 이해도와 학습 의지 등을 평가할 수 있습니다. 앞으로 수시 전형에서 내신 성적의 변별력이 감소하더라도, 세특이 내신 못지않게 중요해질 것으로 보입니다.

3. 변화 요약 및 공부 방향

위의 입학 전형 변화에서 알 수 있듯이, 내신이 정시와 수시 모두에서 중요한 역할을 합니다. 대학의 입학 전형에서 변별력 확보를 위해 정시에서 내신을 반영하고, 수시에서 세특의 중요성을 강화하는 방향으로 나아가고 있습니다. 따라서 아이가 초등, 중등, 고등 시기에 내신 중심의 학습을 충실히 진행하는 것이 무엇보다 중요합니다.

<대입 개편안에 따른 대학 입학 전형 변화 요약>

1. 정시 수능 과목 축소 및 변별력 하락

- 정시에서 수능 외에 내신 성적 반영 시작 (SKY를 중심으로 확대 중)

2. 수시 내신 평가 방식 변경

- 내신 9등급제에서 5등급제로 전환, 변별력 하락

- 서술형·논술형 문제 강화 및 세특 비중 증가

3. 내신의 중요성 강화

- 초·중·고 시기 내신 공부가 향후 대학 입시에 결정적인 요소가 됨

초등, 중등, 고등 내신의 차이점 완벽 정리

대입 개편안과 대학 입학 전형의 변화에 따라 고등학교뿐 아니라 중학교와 초등학교 시기에도 내신 공부가 중요합니다. 그러나 내신 공부의 중요성이나 방법은 시기에 따라 다르게 접근해야 합니다.

1. 고등 내신 : 모든 과목에서 최고의 성적과 세특 관리가 필수

고등학교 시기에는 내신 성적이 절대적으로 중요합니다. 특히 상위 10% 이내에 들어야 1등급을 받을 수 있는 5등급제로 바뀌면서, 1~2문제의 실수로 등급이 갈릴 수 있으므로 각 과목 성적을 철저히 관리해야 합니다.

내신 평가 항목인 세부능력 및 특기사항세특도 신경을 써야 합니다. 단순히 1등급을 받는 것뿐 아니라, 각 과목에서 지적 호기심과 학습 태도 등의 세부 요소를 보여주는 것이 중요합니다. 특히, 정시에서도 내신을 반영하는 대학이 늘어나는 상황에서, 성적뿐만 아니라 세특 관리까지 철저히 준비하는 것이 고등 내신의 핵심입니다.

2. 중등 내신 : 고등 입시 목표에 따라 달라지는 중요성

중학교 내신의 중요성은 진학하고자 하는 고등학교에 따라 달라집니다. 예를 들어, 영재고·특목고·자사고·자공고를 목표로 한다면 해당 고교 진학에 중요한 과목들을 철저히 준비하는 것이 필요합니다. 그러나 평준화 지역의 일반고 진학이 목표라면, 중등 내신 성적 그 자체보다는 고등 내신 준비를 위한 기초 학습이 더 중요합니다.

예를 들어, 중학교 때 수학 선행 학습을 소홀히 하여 고등학교 진학 후 어려움을 겪는 경우가 있습니다. 따라서 중등 내신에서는 목표 고교 입시와 이후 학습을 위한 과목별 실력 기반을 다지는 것이 더 효과적입니다.

3. 초등 내신 : 성적보다는 과목별 기초 공부 능력 훈련이 중요

초등학교 내신은 중등 내신보다도 성적 그 자체는 덜 중요합니다. 이때 중요한 것은 과목별 공부 실력을 제대로 쌓는 것입니다. 예를 들어, 초등학교 1~2학년 시기에 수학 시험에서 70점이나 60점을 받았다고 해서 걱정할 필요는 없습니다. 초등 시기에는 문해력과 쓰기 능력의 기초가 부족할 수 있으며, 이는 시간이 지나면서 점차 개선될 수 있는 부분이기 때문입니다.

고학년5~6학년 시기에 사회나 과학 시험 성적이 낮더라도 이를 내신 실력의 부족으로 속단하지 않아야 합니다. 중학교와 고등학교에서 사회와 과학 성적을 끌어올릴 수 있는 여지가 많기 때문입니다.

- **고등 내신** : 매우 중요하며, 1등급 유지와 세특 관리가 필수
- **중등 내신** : 목표 고등학교에 따라 중요성이 달라짐
- **초등 내신** : 성적보다는 과목별 기초 공부 능력 훈련이 중요

초등 시기 내신의 핵심은 성적보다는 실력입니다. 초등 시기에는 중·고등 내신 공부를 위한 기초 실력을 다져야 하며, 이 기초 실력은 결국 고등학교 내신 성적에 영향을 미칩니다.

그래서 초등 때 아이 공부 큰 그림부터 제대로 그려야 한다고 강조한 것입니다.

2 초등 내신 성적 끌올, 4가지 방법

문해력 : 모든 과목의 기본

초등 내신 공부에서 문해력은 가장 중요한 기초 능력입니다. 문해력은 글을 읽고 이해하는 능력으로, 흔히 말하는 읽기 능력이나 독해력과 유사한 개념입니다. 모든 과목 공부의 기초 체력에 해당하며, 국어뿐만 아니라 영어, 수학, 사회, 과학 등 모든 과목에 절대적인 영향을 미칩니다.

문해력(文解力) : 글을 읽고 이해하는 능력

문해력이 강한 아이는 교과서와 참고서의 내용을 쉽게 이해할 수 있습니다. 그러나 문해력이 부족하면 다음과 같은 문제들이 생깁니다.

1. **국어** : 기본적인 글 읽기와 이해가 어려워, 국어 공부의 난이도가 크게 올라갑니다.

2. **영어** : 단어 뜻을 이해하지 못해 학습이 지체됩니다. 예를 들어, 출납원이라는 뜻의 'cashier'는 출납원이라는 의미를 몰라서 검색해야 하는 아이들도 있습니다. 해설 지문을 이해하지 못하는 경우도 많습니다.

3. **수학** : 문제의 개념과 조건을 이해하지 못하면, 계산과 공식 적용이 무의미해집니다. 특히 문장제 문제와 서술형 주관식 문제는 더욱 그렇습니다.

4. **사회·과학·역사** : 사회와 과학, 역사 과목은 비문학 텍스트 읽기가 기본입니다. 이 텍스트들을 이해하지 못하면 공부를 진행하기 어려워집니다.

우리나라 중학생의 10%만이 혼자서 교과서를 읽고 이해할 수 있다는 통계EBS '당신의 문해력'는 문해력 훈련이 충분히 이루어지지 못하고 있음을 보여줍니다. 대부분의 부모는 문해력의 중요성을 알고, 도서관 활용, 독서, 어휘 학습 등 다양한 방법을 시도하지만, 많은 아이들이 여전히 서술형 주관식 문제에서 어려움을 겪습니다.

새로운 대입 개편안에서 서술형·논술형 문제의 출제가 더욱 강화됩니다. 문해력이 약한 상태로는 문제를 정확히 이해하고 답변하는 데 한계가 있을 수밖에 없습니다. 문해력 훈련을 집중적으로 할 수 있는 시기는 초등 중학년까지로, 이 시기를 놓치면 중등, 고등에 가서 문해력을 강화하기가 훨씬 어려워집니다.

문해력은 모든 공부의 기초 체력입니다. 초등 시기에 문해력을 집중적으로 키우면 이후 중·고등 학습을 안정적으로 할 수 있으며, 새로운 교육 환경에서도 스스로 학습할 수 있는 힘을 기를 수 있습니다.

수학 실력 : 흔들리지 않는 내신의 기둥

초등 시기 내신 공부에서 두 번째 중요한 요소는 '수학 공부를 제대로' 하는 것입니다. 여기서 중요한 키워드는 바로 '제대로'입니다. 많은 아이들이 어릴 때부터 수학을 배우기 시작하지만, 효과적으로 공부하지 못해 초·중·고 내내 수학을 가장 어려워하는 경향이 있습니다.

1. 수학은 왜 중요한가?

수학은 많은 부모님들이 중요하게 생각하는 과목이며, 대입에서 큰 비중을 차지합니다. 새로운 대입 개편안에서도 내신이 강조되며, 내신에서 아이들이 가장 어려워하는 과목이 수학입니다. '수포자'라는 말이 익숙할 정도로 아이들이 포기하기 쉬운 과목이기도 합니다. 이는 단순히 수학 공부의 시작이 빠르지 않아서가 아니라, 잘못된 방식으로 공부하는 경우가 많기 때문입니다.

2. 수학 공부가 제대로 안 되는 이유

많은 아이들이 수학을 공부하지만 '이상하게' 하고 있습니다. 수학은 주로 창의 수학, 사고력 수학, 교구 수학 등 다양한 형태로 학습이 진행되는 경우가 많습니다. 하지만 이런 방식들은 단기간 재미와 흥미를 줄 수는 있어도, 기초 개념을 제대로 학습하는 데에는 한계가 있습니다. 특히 초등 시기에는 기초를 확실히 다지는 것이 중요하므로, 교과서의 개념과 원리를 제대로 이해하고 공부하는 것이 우선되어야 합니다.

3. '제대로' 공부해야 하는 이유

수학 공부를 '제대로' 해야 하는 이유는, 초등 시기의 수학 실력이 중등과 고등 때의 수학 성적에 직접적인 영향을 미치기 때문입니다. 초등 때 기초 개념을 제대로 다지지 않으면, 중등과 고등 시기에 더 높은 난이도의 문제를 해결하는 데 한계를 느낄 수 있습니다.

영어 : 꾸준함이 승부를 결정한다

초등 시기의 내신 공부에서 가장 중요한 4가지 중 세 번째 핵심 요소는 '영어 꾸준히 접하기'이며, 이때 중요한 것은 '꾸준히'입니다.

우리나라에서 영어는 여전히 사교육비 1위 과목이지만, 사회나 대입에서 예전만큼 비중이 크지는 않습니다. 대입에서 영어 특기자 전형은 줄어들었고, 수능에서는 90점 이상이면 1등급을 받게 되어 있습니다. 이를 보면 '영어를 꼭 잘해야 하나?'라는 생각이 들 수도 있지만, 내신에서 영어는 여전히 주요 과목으로 평가되므로 여전히 초등 시기 주요 과목으로 꾸준히 학습할 필요가 있습니다.

그러나 중·고등학교 때 영어에 가장 많은 시간과 노력을 투자하기보다는, 초등 6년 동안 꾸준히 접해 중학교 입학 전에 상위권 수준으로 끌어올리는 것이 좋습니다. 이렇게 하면 중학교 때는 1순위 과목인 수학에 집중할 수 있고, 고등학교 때는 수시 학생부 종합전형 대비도 효율적으로 할 수 있습니다. 따라서 영어 학습의 주력 시기가 중등·고등에서 초등으로 내려온 것입니다. 단, 영어 관련 학과가 아니라면 내신과 수능에서 영어 1등급을 받을 정도로만 학습해도 충분합니다. 고등 입학 전에 고3 수능 영어까지 선행할 필요는 없습니다.

또한, 초등 시기에 영어를 학습할 때는 듣기·말하기·읽기·쓰기·문법 등 5가지 영역을 처음부터 모두 동시에 진행하지 않도록 주의해야 합니다. 영어 말하기는 내신이나 수능에서 평가하지 않으므로 꼭 필요하지 않으며, 쓰기와 문법은 초등 고학년 때 시작하는 것이 적절합니다.

서술형 문제 해결 능력 : 내신 최상위를 위한 필수 스킬

초등 내신 공부의 핵심 4가지는 '문해력, 수학 공부 제대로, 영어 꾸준히 접하기, 과목별 내신 서술형 문제 해결 능력'입니다. 이 중 네 번째인 서술형 문제 해결 능력은 단순 암기로는 해결할 수 없으며, 최종 시험 점수와 내신 등급을 결정하는 데 중요한 요소입니다. 그렇다면 서술형 문제 해결 능력은 어떻게 길러야 할까요?

서술형 문제는 주어진 답을 찾는 것에서 그치지 않고, 풀이 과정까지 글로 서술해야 하는 문제입니다. 특히 대입 개편안에 따라 서술형 문제의 비중이 증가하고 있어, 초등 시기에 서술형 문제 해결 능력의 기초를 탄탄히 다져 두는 것이 중요합니다.

서술형 문제 해결 능력 훈련의 단계적 접근

- **초등 1~2학년 (기초 단계)**

초등 저학년 시기에는 문해력, 개념 이해력, 사고력을 먼저 충분히 기르는 것이 중요합니다. 이 시기에 서술형 문제 풀이를 요구하는 것은 아이에게 부담을 줄 수 있습니다. 텍스트 읽기와 개념 이해, 사고력 훈련이 먼저 이루어져야 쓰기를 준비할 수 있습니다.

- **초등 3~4학년 (설명 능력 강화)**

이 시기에는 쓰기보다는 '말로 설명하기' 연습을 통해 서술형 문제 풀이 능력을 기릅니다. 듣기 읽기는 In-Put 활동, 말하기 쓰기는 Out-Put 활동으로 구분하는데, 말하기는 Out-Put 활동 중 쓰기보다 비교적 난도가 낮습니다. 그래서 초등학교 3~4학이라고 하더라도 서술형 주관식 문제를 풀 때에는 '쓰기'가 아닌 '말하기' 위주로 연습하는 것이 좋습니다. 쓰기보다는 좀 더 쉬운 말하기를 통해 자신의 생각을 외부로 내보내는 연습을 어느 정도 진행한 다음에 쓰기의 비중을 넓히는 것이 아이의 부담을 줄여주기 때문입니다.

간혹 초등학교 4학년까지 서술형 문제에서 감점되어 시험 점수가 낮게 나올까 봐 걱정하는 부모님들도 있습니다. 그러나 대학 입시나 특목고 입시에서는 초등학교 점수에 큰 관심을 두지 않습니다. 중요한 것은 초등 시기 동안 시험 점수를 높이는 것이 아니라, 내신 공부를 체계적이고 탄탄하게 준비하는 것입니다.

지금부터는 각 학년별로 공부 큰 그림을 그려 보겠습니다.

3 학년별 공부 로드맵

7세 예비초 공부 큰 그림

아이가 7세가 되었습니다. 아이는 여전히 귀엽고 순수합니다. 한 마디로 아무 생각이 없습니다. 그에 비해 부모 마음은 바빠집니다. 내년에 초등학교에 입학 하니까 글도 잘 읽어야 한다고 하고, 옆집 아이는 영어에 중국어까지 한다고 하고, 아랫집 아이는 벌써 세 자릿수 덧셈을 한다는 소리를 들으면 '내 아이만 뒤처지는 건 아닌가'하는 불안한 마음이 들기 시작하는데요. 중국어는 하면 좋지만 꼭 해야 하는 건 아니며, 세 자릿수 덧셈은 7세 때 굳이 할 필요 없는 연산 단계입니다. 기준이 명확하고 큰 그림을 그릴 수 있으면, 주변의 의견에 휘둘리지 않고 흔들리지 않으며, 불필요한 시행착오를 피할 수 있습니다. 그러므로 먼저 기준을 다시 점검해 보겠습니다.

7세 예비 초등 시기에는, 초등 내신 공부의 핵심 4가지인 '문해력, 수학 공부 제대로, 영어 꾸준히 접하기, 과목별 내신 서술형 문제 해결 능력'의 기초를 다지기 시작합니다. 이때 중요한 순서는 1순위 문해력, 2순위 영어, 3순위 수학입니다.

(1) 문해력 : 다독으로 기초 다지기

7세 시기의 최우선 과제는 문해력 향상입니다. 이 시기는 '기-승-전-문해력'이라 할 만큼 문해력이 모든 공부의 기초 체력을 형성하는 중요한 단계입니다. 아이의 문해력 수준을 진단해 보고 이에 맞게 그림책 다독을 목표로 합니다.

한글 수준별 다독

- **한글을 읽지 못하는 경우** : 한글을 익히는 동시에 꾸준히 그림책을 읽어주기
- **떠듬떠듬 읽는 경우** : 읽어주는 시간을 유지하며 쉬운 책으로 직접 읽기 연습
- **읽기는 가능하나 읽어달라고 하는 경우** : 읽어주기와 함께 하루 1~2권은 직접 읽기 연습

7세 시기에는 하루 최소 3권 이상의 책을 읽어주는 다독을 통해 문해력을 키워야 합니다. 문해력은 모든 과목 학습의 기본이므로, 다른 학습보다 우선해야 합니다.

(2) 영어 : 꾸준한 노출과 기초 어휘 학습

이 시기 영어 학습의 핵심은 꾸준한 노출입니다. 영어 학습을 처음 시작하는 경우 명사 중심의 기초 어휘를 반복해서 접하는 것으로 시작합니다.

기초 영어 접근 방법

- 애니메이션과 같은 영상으로 듣기 노출
- 실생활 명사(엄마, 아빠, 집 등)부터 익히기
- 간단한 영어 그림책 활용해 짧은 문장 노출

이처럼 영어를 꾸준히 접하는 방식은 '엄마표 영어'로 집에서 할 수도 있고, 다양하게 마련된 사교육 프로그램을 활용해 안정적으로 진행할 수도 있습니다. 영어는 초등 고학년까지 이어갈 과목이기 때문에 부담을 줄이고 꾸준히 노출하는 것이 중요합니다.

(3) 수학

7세 시기의 수학 학습 목표는 초등학교 1학년 수업에 무리 없이 따라갈 수 있는 준비를 하는 것입니다.

7세에 필요한 수학 개념

- 1~5까지의 수 개념 익히기
- 6~9까지의 수 개념 익히기
- 0의 개념 이해하기
- 덧셈(+)의 기초 개념 익히기

- 합이 9 이하인 덧셈 훈련 (한 자릿수)
- 뺄셈(-)의 기초 개념 익히기
- 한 자릿수 뺄셈 익히기

이 내용은 초등 1학년 1학기 수학 범위지만, 학교에서 빠르게 다뤄지기 때문에 예습이 필요합니다. 다만, 이 시기에는 수학에 대한 긍정적인 태도를 기르는 것이 우선이므로 공부처럼 하기보다는 사탕, 바둑알 등 생활 속 물건을 활용한 놀이식 학습이 좋습니다.

- **진행 방법** : 주 2회, 한 번에 30분 내외로 가볍게 진행하고, 아이가 흥미를 느끼는지 잘 살피며 부담을 주지 않도록 합니다.

이와 더불어 아래의 내용도 익혀두면 좋습니다.

추가로 익히면 좋은 수학 개념

- 10과 두 자릿수 개념 이해하기
- 두 자릿수 덧셈(합이 99 이하) 연습
- 두 자릿수 뺄셈 연습

미리 개념을 익히는 것이 곧 선행 학습이라는 우려도 있지만, 기본적인 개념 예습 정도로 학교 수업 내용을 더 쉽게 이해하는 데 목적을 둡니다. 이로 인해 자신감을 얻고, 수업에 더 적극적으로 참여하며 좋은 학습 경험을 쌓을 수 있습니다.

(4) 과목별 내신 서술형 문제 해결 능력 기초 다지기

7세 시기에 해당하는 과목별 내신은 국어와 수학, 통합 교과로 나뉘며, 통합 교과는 사회와 과학의 기초를 포함합니다. 이 과목들은 다독을 통해 자연스럽게 준비할 수 있습니다. 특히 비문학 영역인 사회와 과학 그림책을 많이 접함으로써 내신 공부의 기반을 형성할 수 있습니다.

단, 다독을 진행할 때 문학보다는 비문학 영역 독서량이 더 많아야 하며, 비문학 영역에서는 사회와 과학 그림책 비중이 커야 합니다. 그래서 독서는 공부가 아님에도 공부에 엄청난 영향을 준다고 한 것입니다.

초등학교 1학년 공부 큰 그림

초등학교 1학년은 입학은 했지만 아직 유치원과 초등학생의 과도기적 시기입니다. 특히 1학기 동안에는 유치원과 비슷한 분위기로 적응을 하게 되며, 1학년 1학기를 지나고 나서야 비로소 초등학생이 되었다고 볼 수 있습니다. 그러나 부모의 마음가짐은 초등학교 입학과 함께 달라져야 합니다. 유치원 시기까지는 꼭 해야 할 공부가 없었다면, 초등학교 입학 이후부터는 꼭 해야 하는 공부가 생기기 때문입니다.

유치원 때에는 학습 내용을 기억하지 못하더라도 학습에 큰 문제가 생기지 않았지만, 초등학교에서는 1학년 학습을 기반으로 2학년 학습이 이어지기 때문에 학년별 기초를 쌓아야 합니다. 특히 문해력과 수학 실력은 초등 저학년 동안 차근히 쌓아야 3학년 때 본격적인 과목 학습에서 어려움이 생기지 않습니다. 초·중·고 학습에서 첫 번째로 좌절을 겪기 쉬운 시기가 초등 3학년인 이유도, 초등 저학년 동안 기초를 제대로 다지지 못했을 때 생기는 학습 격차 때문입니다.

따라서 초등 1학년 때에는 우선순위를 명확히 정하여 반드시 필요한 학습에 집중해야 합니다.

초등 1학년의 학습 우선순위
• 문해력(다독) • 영어 꾸준히 접하기 • 수학 현행 학습

(1) 문해력(국어)

초등 1학년 때에도 7세 때와 마찬가지로 가장 중요한 학습 목표는 문해력입니다. 아이의 현재 문해력 수준을 점검한 후, 아직 한글을 완전히 떼지 못한 상태라면 최대한 빨리 읽기 독립을 이루는 것이 우선입니다. 문해력 부족은 초등 학습 전반에 걸쳐 자신감 저하와 학습 거부로 이어질 수 있기 때문입니다.

문해력을 높이기 위한 최선의 방법은 다독입니다. 초등 1학년은 하루에 최소 3권 이상의 책을 읽는 것이 좋으며, 이 중 1권 정도는 아이가 직접 읽도록 합니다. 다양한 예체능 활동도 중요하지만, 독서 시간을 확보하는 것이 가장 중요하다는 점을 기억하세요.

초등 1학년 시기에는 쓰기 활동은 너무 무리하지 않는 것이 좋습니다. 받아쓰기, 일기 쓰기, 독서록 쓰기와 같은 활동은 모두 의미는 있지만, 완벽하게 잘 할 필요는 없습니다. 아이가 부담을 느끼지 않는 선에서 성실히 참여하는 정도면 충분합니다.

• 받아쓰기는 자연스럽게 독서를 통해 해결됩니다. 100점을 목표로 무리한 연습을 하느니, 책 한 권 더 읽는 것이 낫습니다.

- 일기 쓰기는 글감이 풍부할 때에만 시도하되, 글감이 없다면 무리하지 않도록 합니다. 글감을 찾는 것이 어렵다면 단순히 몇 가지 활동을 나열하는 형식이라도 괜찮습니다.
- 독서록 쓰기는 일기 쓰기보다 어려운 과제입니다. 책을 읽은 후 아이가 자연스럽게 이야기를 나누고 싶어 할 때에만 시도하며, 부담을 주지 않는 것이 좋습니다. 독서 중 활동이 독서 후 활동보다 훨씬 중요하기 때문에, 무리한 쓰기 활동은 피하는 것이 바람직합니다.

서술형 문제를 잘 풀기 위해서는 어휘력, 독해력, 논리적 서술력이 필요하지만, 초등 1학년 시기에는 아직 이러한 요소들이 충분히 준비되지 않았기 때문에 서술형 문제는 무리하게 시도하지 않아도 괜찮습니다. 아이가 부담 없이 할 수 있다면 일주일에 한 번, 약 30~40분 정도 진행하는 것도 괜찮지만, 국어 문제집보다는 책 한 권 더 읽는 것이 이 시기에 더 중요합니다.

(2) 영어

초등 1학년 때는 영어를 매일 꾸준히 접하는 것이 중요합니다. 언어 학습은 꾸준한 노출이 관건이므로, 영어를 언어 습득 방식으로 접하게 합니다. 단어 암기나 문법 학습보다는 듣기와 읽기에 집중해야 하며, 특히 영어 쓰기 활동은 피하는 것이 좋습니다.

엄마표 영어 학습을 진행하는 경우, 쉬운 영어 애니메이션을 활용한 듣기 연습을 지속하면서 영어 그림책을 통해 짧은 영어 문장 읽기를 할 수 있도록 합니다. 학원에 보내는 경우에도 듣기와 읽기 위주의 학습이 이루어지는 곳이 적합합니다. 이처럼 부담을 최소화한 방식으로 매일 1시간 정도 영어를 접하면서 영어에 친숙해지고 자연스럽게 익숙해지도록 도와주세요.

(3) 수학

초등 1학년부터 본격적인 내신 수학 공부가 시작됩니다. 이때 수학 공부의 핵심은 교과서 개념 이해, 연산 훈련, 내신 문제 해결력입니다. 창의 수학이나 사고력 수학 등 다양한 수학 학습을 병행하는 것은 신중히 고려해야 하며, 초등 1학년은 수학 학습의 양보다는 질이 중요합니다.

이 시기에 수학은 독서와 영어보다 학습 비중이 낮아, 일주일에 2~3회, 한 번에 30~40분 정도 수학을 공부하면 충분합니다. 학기 중 교과서에 나오는 기본 개념을 이해하고, 연산은 학교 진도에 맞추어 가볍게 앞서 나가되 1학년 수준의 내신 문제를 푸는 훈련을 중심으로 합니다. 이처럼 자기 학년에 맞는 수준의 '현행 수학 공부'를 충실히 해두는 것이 가장 효과적입니다.

1학년의 수학 학습은 수학 실력을 키우는 것은 물론, 공부 습관과 태도도 함께 기르는 중요한 시기입니다. 수학 문제를 풀 때는 바른 자세로 책상에 앉아 교과서와 문제집을 집중해서 보면서 사고하는 습관을 들이는 것이 필요합니다. 처음에는 아이가 힘들어할 수 있지만, 꾸준히 학습 태도를 잡아가는 과정이 중요합니다.

(4) 과목별 내신 서술형 문제 해결 능력

만약 아이가 단원평가를 보는 학교에 다니고 있다면, 국어와 수학의 서술형 주관식 문제를 초등 1학년부터 접할 수 있습니다. 하지만 이 시기에는 서술형 문제 풀이를 무리하게 요구하지 않는 것이 좋습니다.

국어 서술형 문제는 어휘력, 독해력, 논리적 표현 능력 등이 갖춰져야 하지만, 1학년 시기는 이러한 기초 능력을 쌓아가는 시기입니다. 독해와 기본 어휘 훈련에 집중하면서 서술형 문제 쓰기는 다음 단계로 미루는 것이 바람직합니다.

수학 서술형 문제도 마찬가지입니다. 1학년은 이제 수학 공부를 본격적으로 시작하는 단계이기 때문에, 개념 이해와 연산 훈련, 내신 문제 해결력에 집중하고 서술형 문제 쓰기는 부담 없이 접근하는 것이 좋습니다.

초등학교 2학년 공부 큰 그림

초등학교 2학년은 1학년과 함께 초등 저학년으로 분류되지만, 1학년과 동일하게 여겨서는 안 됩니다. 1년간의 학교생활을 통해 아이는 여러 방면에서 적지 않은 성장을 했습니다. 부모와의 대화나 관계에서는 큰 변화가 없어서 잘 느껴지지 않을 수도 있지만, 친구들 간의 대화에서 예상외의 표현이나 생각을 드러내기도 합니다.

학습 측면에서도 1학년과 다르게 접근해야 합니다. 2학년은 초등 3학년 진입을 앞둔 시기인데, 3학년은 난이도가 급격히 높아져 첫 학업 좌절기를 겪게 되는 학년입니다. 따라서 2학년은 자기 학년의 공부뿐 아니라 바로 위 학년인 3학년 학습을 염두에 둬야 하며, 이를 위한 기초를 다져야 하는 중요한 시기입니다.

초등 2학년 때 1순위는 문해력다독, 2순위는 영어 꾸준히, 3순위는 수학 현행입니다.

(1) 문해력(국어)

초등 2학년 때에도 문해력은 학습의 가장 중요한 요소이며, 문해력을 기르는 가장 효과적인 방법은 여전히 다독입니다. 영어 비중이 늘면서 독서 비중은 1학년 때보다는 다소 줄어들 수 있으나, 여전히 최우선 학습은 독서입니다. 독서를 통해 어휘력, 이해력, 독해력을 충분히 다져야 초등 3학년에서 본격적으로 시작되는 사회, 과학, 난이도가 높아지는 수학을 무리 없이 학습할 수 있습니다. 이 시기 다독에 성공한다면 문해력뿐 아니라 초3 수학, 사회, 과학 공부의 기초도 함께 다질 수 있습니다.

2학년 역시 매일 꾸준히 독서해야 하며, 혼자 읽는 시간을 점차 늘려야 합니다. 문학 영역 독서는 글이 많은 문고판을 읽으면 좋지만 사회, 과학 등의 비문학 독서는 아직은 정보량이 적은 그림책이나 삽화 위주의 글 양 적은 책으로 권수를 늘리는 것이 좋습니다.

예체능 등 다양한 경험도 좋지만, 예체능이나 다른 활동 때문에 독서 시간이 부족해지지 않도록 해야 합니다. 독서는 공부는 아니지만, 학습 능력 전반에 큰 영향을 미치는 수단임을 한 번 더 기억하시기 바랍니다.

초등 2학년 때에도 쓰기는 지나치게 강조하지 않도록 합니다. 받아쓰기, 일기 쓰기, 독서록 쓰기 등이 계속 이어지지만, 이 활동들이 이후 공부에 실질적인 영향을 주는 경우는 적습니다. 따라서 최소한의 성실함으로 진행해도 큰 문제가 없습니다.

초등 2학년의 국어 서술형 주관식 문제는 아직 내려놓아도 되는 시기입니다. 1학년 때보다는 독해력이나 이해력, 표현력이 발전했지만, 여전히 서술형 쓰기는 초등 2학년에게 상당히 어렵습니다. 이때에는 쓰기보다는 읽고 이해하고 배경지식을 쌓는 것에 집중하는 것이 좋습니다.

아이의 읽기 능력을 객관적으로 평가하기 위해 국어 문제집에 있는 독해 문제를 한 달에 한두 번 정도 풀려보는 것도 좋습니다. 아이가 부담 없이 풀 수 있다면 일주일에 1회, 30~40분 정도 진행하는 것도 무방합니다. 그러나, 국어 독해 문제 풀이보다 독서가 훨씬 중요한 시기임을 기억해야 합니다.

(2) 영어

2학년 때의 영어 학습은 언어 습득처럼 자연스럽게 접하는 방식을 지향해야 합니다. 월, 수, 금처럼 간헐적으로 진행하기보다는 매일 조금씩 접하면서 학습보다 언어 습득에 가깝게 꾸준히 노출되는 것이 효과적입니다.

단어 암기나 문법을 강조하기보다는 듣기, 읽기, 말하기 중심으로 매일 약 1시간씩 진행하는 것이 좋습니다. 듣기와 말하기 시간을 늘리기보다는 영어 그림책 읽기를 추가하여 최소 4~5줄 정도의 책을 읽을 수 있는 수준으로 점진적으로 학습합니다.

적합한 학원을 찾기 위해 어학원 탐방을 추천합니다. 초등 저학년에게는 내신 학원보다는 언어 중심의 어학원이 적합하며, 간판은 어학원이라도 내신 중심으로 운영될 수 있으므로 프로그램과 수업 방식을 확인한 후 등록하는 것이 좋습니다.

(3) 수학

2학년 수학의 핵심은 '교과서 개념, 연산, 내신 문제 해결력' 3가지로, 수학에 대한 기초와 학습 습관을 잡아가는 시기입니다. 창의수학이나 사고력 수학 등 다양한 수학 프로그램을 병행하기보다는 자기 학년 수준의 개념을 탄탄히 다지는 것이 중요합니다.

주 3회, 1회에 30~40분씩 현행 수학을 중심으로 교과서 개념을 학습하고, 연산은 학교 진도보다 약간 앞서 연습합니다. 학기당 문제집 두 권을 목표로 진행해 문제 해결력을 기릅니다.

초등 저학년 때 기른 습관은 중고등 학습으로 자연스럽게 이어집니다. 수학 학습을 통해 문제 해결뿐 아니라 학습 시간 확보와 집중력 기르기를 습관화하는 것도 중요한 목표입니다.

(4) 과목별 내신 서술형 문제 해결 능력

2학년의 내신 서술형 문제는 국어와 수학 시험에서 주로 다루어집니다. 이 시기에 서술형 문제를 소화할 수 있는 아이는 극히 드물지만, 만약 서술형 문제를 잘 해결하는 아이라면 미리 대비해 보는 것도 좋습니다.

국어 및 수학 문제집에서 서술형 문제를 푸는 연습을 시도해 보되, 대부분의 2학년 아이들은 아직 준비되지 않았을 수 있으므로 무리하게 접근하지 않습니다. 어휘력과 독해력은 다독을 통해 기르고, 수학 학습을 통해 논리적 사고력을 키우는 데 집중하면 자연스럽게 기초가 다져집니다.

초등학교 3학년 공부 큰 그림

초등학교 3학년은 첫 번째 학습 좌절기를 겪을 수 있는 시기로, 학습 난이도가 급격히 높아지며 영어, 사회, 과학 등 새로운 과목들이 추가됩니다. 이로 인해 진짜 학습 능력이 드러나는 시기이기도 합니다. 초등 3학년은 단순 기초 학습에서 벗어나 실전 학습의 기반을 다져야 하는 중요한 해로, 우선순위는 영어 리딩, 수학, 독서 순으로 두고 진행해야 합니다.

(1) 영어

초등 3학년부터 학교 정규과정에서 영어가 시작되지만, 초등 과정에 맞추어 진행하면 중등 난이도에 대비하기 어려우므로, 중학교 영어를 목표로 학습을 진행해야 합니다. 이를 위해 영어는 매일 꾸준히 리딩을 중심으로 듣기를 병행하며 진행하는 것이 좋습니다.

리딩 위주로 진행하면서 일부 듣기를 더해 꾸준히 학습하되, 단어 암기나 문법 공부는 지양합니다. 학원을 선택할 때에도 리딩 중심의 학습을 제공하는 곳을 찾는 것이 중요합니다.

AR2 수준의 텍스트를 읽을 수 있는 것이 이상적이며, 리딩을 통해 영어 독해력과 문장 이해력을 자연스럽게 기르는 것이 목표입니다.

(2) 수학

초등학교 3학년 수학은 본격적으로 실력을 쌓는 시기로, 개념 이해, 연산 연습, 내신 문제 해결력에 집중해야 합니다.

일주일에 3회, 1회당 1시간 정도 학습하며 학기당 연산 문제집 1권과 내신 문제집 2권을 목표로 합니다.

첫 번째 문제집은 개념 이해용으로 진행하되, 두 번째 문제집은 중급 이상의 난이도를 가진 교재 예)신사고 쎈 또는 디딤돌 응용를 선택해 문제 해결력을 강화해야 합니다.

만약 초3 때 이 과정을 충분히 진행하지 않으면 초4 때라도 해야 하는데요. 초4는 국·영·수 내신 공부가 본격적으로 시작되는 초등 5학년을 1년 앞둔 학년이기 때문에 여유가 많지 않습니다. 그래서 초3 때 수학 공부 시간은 잘 지키는 것이 좋습니다.

(3) 독서(문해력, 국어)

초등 2학년까지는 다독을 통해 문해력을 기르는 데 집중했지만, 3학년부터는 영어와 수학에 비중을 두면서 독서는 3순위로 두고 진행해야 합니다.

초등 3학년부터는 양보다 질이 중요해지므로, 내 아이 수준에 맞는 완성도 높은 책을 선정해 집중적으로 읽게 합니다. 비문학과 문학의 비중은 7:3 정도로 비문학을 더 많이 읽히되, 사회, 과학, 한국사 등 교과와 연계되는 내용이 좋습니다.

주 1~2회, 30분 정도 독해 문제집을 풀어보며 국어 독해력을 점검하고, 시험과 유사한 문제를 경험해 국어 문제 해결력을 길러줍니다.

(4) 과목별 내신 서술형 문제 해결 능력

초등 3학년 시기에는 서술형 문제 연습을 최소화하고, 이해와 설명 능력을 키우는 데 집중해야 합니다.

서술형 문제의 답을 글로 쓰기보다는 말로 설명하게 하는 연습이 효과적입니다. 공부한 내용을 사례로 들어 설명하거나 틀린 문제의 해결 과정을 말로 설명해 보게 하는 것도 좋은 방법입니다.

설명하기에 대한 부담이 크다면 무리해서 시키지 말고, 듣고 이해하고 사고력을 기르는 활동에 집중해 학습 기반을 쌓도록 합니다.

초등학교 4학년 공부 큰 그림

초등학교 4학년은 실전 학습이 본격적으로 이루어지는 시기입니다. 이 시기를 잘 보내면 전국 기준에서 아이의 학업 성취도가 어느 수준에 속할지 대체로 윤곽이 드러나기 시작합니다. 초등 4학년 학습 우선순위는 영어리딩, 수학, 독서문해력 순입니다.

(1) 영어

초등 4학년 영어 학습은 중학교 대비를 기준으로 진행하되, 매일 2~3시간 정도 시간을 할애하여 집중적으로 몰입해야 합니다. 영어 학습에 가능한 모든 시간을 투자하는 마지막 시기이기 때문에 필요하지 않은 예체능 활동은 조정하여 영어 학습에 집중하는 것도 방법입니다.

듣기는 하루 20분 정도로 최소화하고 나머지 시간은 리딩에 집중합니다. 이 시기에 AR3~4 수준의 텍스트를 읽을 수 있다면, 이후에도 상위권 실력을 유지할 가능성이 높습니다.

단어와 문법도 리딩을 위한 학습의 일부로 병행하지만, 별도로 쓰기나 말하기 훈련은 하지 않습니다. 리딩 위주의 학습을 통해 영어 독해력을 탄탄히 쌓는 것이 목표입니다.

(2) 수학

수학은 초등 4학년 때부터 본격적인 심화 학습을 시도하는 것이 중요합니다. 현행 수학을 바탕으로 연산과 내신 문제 해결력을 확립하고, 상위권 학생은 준심화 또는 심화 문제집을 통해 난이도를 높여가는 것이 필요합니다.

일주일에 3회, 한 번에 1시간 정도 학습하며 학기마다 연산 문제집 1권과 내신 문제집 2권을 풉니다. 목표하는 수준에 따라 두 번째 내신 문제집으로 준심화 또는 심화 문제집을 선택해 실전 문제 해결력을 강화합니다.

수시 학생부 종합전형의 영향으로 수학 심화 학습이 필수가 된 만큼, 초4에 현행 수학 심화를 시작해 고학년 선행 학습을 대비하는 것이 좋습니다.

(3) 독서(문해력, 국어)

초등 4학년의 독서는 초등 3학년과 유사하게 진행하지만, 비문학의 비중을 더 늘리고 한국사 관련 책을 위주로 읽어주는 것이 좋습니다.

사회, 과학 외에도 한국사 관련 독서를 통해 5학년 2학기에 시작되는 한국사 수업을 준비합니다. 문학보다 비문학 독서 비중을 높이며, 수준 높은 책을 선택해 내용 이해와 배경지식 습득에 중점을 둡니다.

초3에서 주 1회로 진행하던 국어 독해 문제집 풀기를 초4에서는 주 2회로 늘리고, 아이가 잘 해낸다면 5학년 수준의 문제집으로 도전해 독해력을 한 단계 더 높입니다.

(4) 과목별 내신 서술형 문제 해결 능력

서술형 문제 대비는 여전히 최소화하며, 초4에서는 일부 문제만 답을 글로 써 보는 연습을 추가할 수 있습니다.

문제의 답을 구하는 것 자체에 초점을 맞추되, 일부 문제에서만 글로 정리해 보며 서술형 대비를 시작합니다. 이때, 서술형 훈련이 필수는 아니며 아이의 부담을 줄이는 것이 중요합니다.

설명이나 쓰기 연습이 아이에게 무리라면 이전 단계 학습에 집중하는 것이 좋습니다.

초등학교 5학년 공부 큰 그림

초등학교 5학년은 본격적인 학업량과 난이도가 상승하는 시기로, '2차 좌절기'로도 불립니다. 이 시기에 어느 정도 구분된 학업 실력은 중·고등까지 이어질 가능성이 높습니다. 초5 때는 학습 시간을 충분히 늘려 국·영·수 각 과목별 학습 계획을 세우고, 고입과 대입을 염두에 둔 내신 대비를 시작해야 합니다. 초5 학습 우선순위는 아이의 학습 진행 상황에 따라 다르지만, 일반적으로는 수학이 1순위, 영어가 2순위, 국어가 3순위입니다.

(1) 수학

초등 5학년 수학은 학습량과 난이도 면에서 크게 도약하는 시기입니다. 이 시기 수학은 두 가지 중요한 의미를 가집니다.

초등 5학년은 개념의 난이도가 높아져 아이의 실제 수학 실력을 확인할 수 있는 시기입니다. '약수, 배수, 공약수, 공배수, 분모가 다른 분수의 덧셈과 뺄셈, 약분, 통분' 등의 고난도 개념들이 포함되기 때문에 아이가 심화 문제집까지 진행할 수 있는지 확인할 수 있습니다.

초등 4학년까지 현행을 준심화까지 마친 아이는 초5부터 본격적인 수학 선행학습을 시작해야 합니다. 초5 1학기 동안 5학년 전 과정을 끝내고, 2학기에는 6학년 과정을 마쳐 중등 선행 준비를 할 수 있어야 합니다. 이과 상위권을 목표로 한다면 심화 문제집까지 도전하고, 인문계 진로라면 준심화까지 학습하는 것이 좋습니다. 따라서 초5에는 수학 학습 시간을 대폭 늘려야 하며, 주말 학습도 병행하는 것이 필요합니다.

(2) 영어

초5 영어는 중등 대비 학습을 목표로 본격적인 내신 대비를 시작합니다. 이제는 리딩과 듣기뿐만 아니라 단어 암기와 문법 학습도 일부 병행해야 합니다.

여전히 리딩이 학습의 핵심입니다. 지금까지 영어책 위주로 학습했다면, 독해 문제집과 문법 교재를 추가하는 것이 좋습니다. 반대로, 독해 위주로 학습해온 경우라면 리딩과 더불어 영어책 읽기를 부수적으로 진행합니다.

문법 교재와 단어 암기를 병행하여, 중학교 입학 시 필요한 기본기를 다져야 합니다. 상위권을 목표로 한다면 AR4 이상의 텍스트를 읽을 수 있어야 합니다.

(3) 독서(문해력, 국어)

초5 때 독서는 효율성을 중시하여 편독 또는 학습 독서 방식으로 진행합니다.

비문학 영역 중 아이가 선호하는 주제 위주로 책을 선택하고, 한국사 학습 독서를 통해 5학년 2학기 한국사 과목 대비도 합니다.

초5에는 국어 독해 교재 학습이 필수입니다. '빠작 초등국어 비문학 독해', '뿌리깊은 초등국어 독해력' 등의 교재에서 아이 수준에 맞는 난이도를 선택하여 주 2회, 한 번에 1시간 이내로 진행하면 좋습니다. 상위권이 목표라면 현행 학년의 독해 교재에서 높은 정답률을 유지하는 것이 중요합니다.

(4) 과목별 내신 서술형 문제 해결 능력

다만, 초5까지는 문제집에 있는 서술형 문제 전부를 쓸 필요는 없습니다. 쉬운 문제는 굳이 쓸 필요 없이 답만 구하는 것이 더 효율적이고요. 난이도 중급 문제 중에서는 한두 문제 정도만 써 보고, 난이도 상급 문제는 가급적 모두 써 보는 것이 좋습니다. 이때 서술형 답안을 아주 자세히 쓸 필요는 없습니다. 수학의 경우 문제를 푸는 과정에서 핵심 내용만 수식 위주로 쓰는 것만으로도 연습이 되기 때문입니다. 대신 풀이에 있는 서술형 답안과 비교해 보면서 문제 해결 과정을 자세히 읽어보는 것이 좋습니다.

부모 입장에서는 서술형 주관식 문제의 정답도 성실하게, 답안에 근접하게 쓰기를 바랄 것입니다. 하지만 초등 5학년부터는 공부할 것이 아주 많기 때문에, 지금 당장 잘 해야 하는 것이 아니라면 꼭 필요한 만큼만 분량을 정해줘야 합니다. '해야 한다!'보다 더 중요한 것이 '할 수 있나?' 임을 잊지 말아야 합니다.

초등학교 6학년 공부 큰 그림

초등학교 6학년은 개인별 학습 우선순위와 진로 방향이 더욱 구체화되는 시기입니다. 초5 때 확인된 공부 실력과 사춘기 시작, 진로 적성 검사 등을 통해 문과·이과의 방향성을 확인하며, 각 과목별로 맞춤형 학습 계획을 세워야 합니다. 6학년은 중학교에 입학하기 전 마지막 정비 시기로, 국·영·수 중에서도 1순위는 수학, 2순위는 영어, 3순위는 국어입니다.

(1) 수학

초6 수학은 이과 상위권과 문과 상위권을 기준으로 본격적인 중학교 수학 선행을 시작해야 하는 시기입니다.

초6과 중1 동안 중학교 1~3학년 수학 전 과정을 끝내는 것을 목표로 합니다. 중등 수학은 난이도가 높기 때문에 학기별로 '개념서+응용서+심화서'를 최소한으로 학습하고, 이과 상위권은 심화서 상위 문제집까지 추가적으로 푸는 것이 좋습니다.

반면, 심화서가 힘들다면 '개념서+응용서1+응용서2'를 병행하면서 중급 문제 해결력을 쌓는 것이 필요합니다.

학교에서 시험이 있을 경우 2~3일 전에는 중등 선행을 멈추고 6학년 현행 복습에 집중합니다. 초6 때 점수 자체가 중요한 것은 아니지만 현행 복습을 통해 개념을 다지고 시험 준비를 하는 경험을 쌓는 것이 중요합니다.

(2) 영어

초6 영어는 5학년에 비해 내신 대비 비중을 더 늘려야 하며, 어휘, 문법, 독해, 쓰기 연습을 추가적으로 병행해야 합니다.

중등 영문법 수준의 문법 교재로 학습하며, 주요 어휘는 별도로 암기합니다. 단어와 문법은 중등 내신 준비와 수능 대비에 모두 필요하므로 철저히 학습해야 합니다.

여전히 리딩이 영어 학습의 핵심입니다. 만약 외고나 국제고를 목표로 한다면 영어에 더 많은 시간을 투자해야 하며, 듣기, 말하기까지 준비할 필요가 있습니다. 반면 일반고를 목표로 한다면 듣기, 말하기보다는 수학과 국어 학습에 시간을 더 투자하는 것이 좋습니다.

(3) 독서(문해력, 국어)

초등학교 6학년은 이전보다 독서할 시간이 줄어드는 시기입니다. 독서를 좋아하는 아이들이라면 휴식 시간에 책을 읽기도 하지만, 이런 경우는 드뭅니다. 이상적인 독서 습관이 형성되지 않았다면 학습만화를 적극 활용하는 것도 좋습니다. 특히 인문학, 세계사, 세계문화, 인물 관련 학습만화는 지식 습득에 도움이 됩니다.

비문학 독서는 영역에 구애받지 않고 다양하게 보는 것을 추천합니다.

목표 고등학교나 진로 방향이 어느 정도 정해졌다면 해당 분야의 심층 독서를 진행하는 것이 좋습니다. 예를 들어, 과학중점고나 과학고를 목표로 한다면 과학 관련 서적을 꾸준히 읽고, 특정 학문에 흥미가 있다면 해당 분야 독서를 이어갑니다. 특정 분야를 정하기 어렵다면, 다양한 지식을 쌓을 수 있는 세계사 독서가 효과적입니다.

6학년 때에도 국어 독해 교재는 꾸준히 학습해야 합니다. 현재 학년 수준의 독해 교재를 무난히 소화하고 있다면, 중학교 1학년 독해 교재로 독해 훈련을 진행해 보세요. 만약 현행 교재가 어려운 경우라면 5학년 교재나, 비문학만 집중적으로 훈련하는 교재로 난이도를 조절하는 것이 좋습니다.

(4) 과목별 내신 서술형 문제 해결 능력

초등학교 6학년은 중학교 준비 단계로, 특히 비평준화 지역이거나 특목고, 자사고 등을 목표로 할 경우에는 내신 대비가 필요합니다. 이를 위해 국어, 영어, 수학, 사회, 과학 과목에서 서술형 주관식 문제 풀이 연습을 시작합니다.

먼저 교과서에서 다루는 개념과 원리를 정확히 이해한 후, 학습한 내용을 스스로 설명해 보면서 정리합니다. 문제집을 풀 때 서술형 주관식 문제에서는 단순히 답만 쓰는 것이 아니라 중급 이상의 문제를 중심으로 답안을 성실하게 작성해 봅니다. 서술형 답안 작성 후에는 답안 사례와 비교하여 부족한 점을 보완하고, 필요한 경우 더 명확하게 정리해 보는 훈련도 좋습니다.

행공신 0.1% 초등 수학

PART 04

| 생각하는 수학

우리나라 초·중·고 수학에서 상위 1% 실력에 도달하려면 초등학교 때 어느 정도까지 학습해야 하는지를 세 가지 그룹으로 나누어 설명해 보겠습니다.

- **첫 번째 그룹** : 의대 계열 진학 목표, 영재고 수준의 고등학교 진학 목표
- **두 번째 그룹** : 첫 번째 그룹을 제외한 이공계 상위권 목표
- **세 번째 그룹** : 대학 진학률이 높은 일반고에서 인문학 계열 상위권 진학 목표

첫 번째 그룹의 학생들이 가장 높은 수학 실력을 필요로 합니다. 하지만 자녀가 세 번째 그룹에 해당한다면 첫 번째 그룹만큼 수학 실력을 높일 필요는 없습니다. 만약 대학 입학을 수능 성적에 의존한다면 이와 같은 그룹 구분이 의미가 없겠지만, 수시로 입학하려면 고등학교 내신 성적이 더 중요합니다. 따라서 자녀가 다니는 고등학교에서 좋은 내신 성적을 받는 것이 핵심입니다.

영재고는 수학에서 최상위권 학생들이 모이는 학교로, 이 학교에 진학할 경우 심화 학습을 넘어 최고 수준까지 잘해야 내신을 잘 받을 수 있습니다. 그래서 '에이급 수학'과 같은 최고 난이도의 내신 문제집을 풀고, 경시대회 수준의 문제도 도전해 보아야 합니다. 반면, 자녀가 인문학 계열 진학을 목표로 하는 일반고에 진학할 예정이라면, 해당 학교에서 내신 1등급을 목표로 하되 최고 난이도 문제집까지 풀 필요는 없습니다.

이 기준은 초등 수학 학습에도 적용할 수 있습니다. 물론 수학 실력만으로 진로를 결정할 수 없으며, 수학 실력이 세 번째 그룹에 해당한다고 해서 반드시 인문학 계열로 진학해야 한다는 것은 아닙니다. 그러나 수학 실력만으로 볼 때, 세 번째 그룹에 속한다면 상위권 대학의 이공계 진학은 다소 어려울 수 있다는 의미입니다.

초등 수학 성취도에 따른 그룹 예측
• 초등 3~6학년 때 심화 문제집을 잘 풀면 첫 번째 그룹에 속할 가능성이 높음
• 초등 3~6학년 때 심화 문제집을 어렵게라도 풀면 두 번째 그룹에 도달할 가능성 있음
• 초등 3~6학년 때 심화 문제집까지는 풀지 못하면 세 번째 그룹에 해당

하지만 초등 중학년까지만 해도 자녀가 어느 그룹에 해당하는지를 확실히 알수 없으므로, 가능성을 열어 두고 계속 시도해 보며 실현 가능한 목표를 찾아가야합니다. 특히 초등 1~2학년 시기에는 학습 능력을 키우는 것만큼 '객관적 관찰'이중요합니다.

2 절대 원칙, 내신 중심 수학

수학 시험은 세 가지 주요 유형으로 구분할 수 있습니다.

수학 시험의 종류
• **내신** : 학교 중간고사, 기말고사, 학교 수행평가
• **수능** : 대학수학능력시험(대입을 위한 국가시험)
• **올림피아드(경시대회)** : 성균관대 경시대회와 같은 수학 전문 시험

이 세 가지 시험 중, 대입에서 가장 중요한 것은 '내신'입니다. 수시 전형에서는고등학교 내신 성적이 필수적이고, 정시에서도 내신을 반영하는 대학이 늘어나고있습니다. 그다음으로 수능이 중요한데, 정시 선발 인원이 많고 수시에서도 수능성적을 반영하는 경우가 있기 때문입니다.

초등학교 수학 학습은 고등학교 내신을 대비하는 데 초점을 맞춰야 합니다. 초등 수학을 고등 내신 준비에 맞춘다는 것은 무엇일까요?

1. 초등 교과서 학습을 1순위로 두기

초등 수학 교과서는 중등 수학의 기초가 되며, 중등 수학은 고등 수학의 기초가 됩니다. 초등 수학 교과서의 내용이 확실히 이해되어야 중등 및 고등 수학도 성공적으로 학습할 수 있습니다.

2. 학교 시험 성적만으로 초등 수학 실력을 평가하지 않기

대부분의 초등 수학 시험은 난이도가 낮아, 전국 기준으로 난이도 하 또는 중하에 해당하는 문제들이 주를 이룹니다. 반면, 고등학교 내신은 전국 기준으로 난이도 중상 또는 상의 문제 해결이 필요합니다. 따라서 초등 수학 학습은 단순히 학교 시험 성적에 의존하기보다는, 난이도 중상 이상의 문제를 지속적으로 풀어보는 연습이 필요합니다.

이처럼 대부분의 학생들에게 수학 학습의 1순위는 교과서와 내신 학습이어야 합니다. 예외적으로 고등학교 영재고 진학을 목표로 한다면, 수학 올림피아드경시대회 학습이 도움이 될 수 있습니다. 그러나 이는 매우 드문 경우이며, 이러한 학생은 보통 어린 시기부터 수학에 대한 열정과 흥미를 가지고 있어, 문제 해결을 즐기는 학생들입니다. 초등학교 고학년부터 사고력 수학을 병행하는 학생의 수가 줄어드는 이유는 내신 대비에 더 많은 시간과 노력을 들이기 때문입니다.

학교 내신 문제에서도 중요한 문제와 덜 중요한 문제가 있습니다. 중요한 문제는 문장제 문제이고, 덜 중요한 문제는 단순 연산계산 문제입니다. 초등 수학에서는 계신 능력을 기본으로 하지만, 문제 해결력이 디 중요한 요소입니다. 따라서 계산을 잘한다고 해서 수학 실력이 우수하다고 확신할 수 없으며, 계산 연습보다 문제 해결력 향상에 더 많은 시간을 할애해야 합니다.

초등 수학에서는 연산을 학교 진도보다 약 6개월 앞서 나가는 것이 좋으며, 계산 속도가 너무 느리지 않을 정도면 충분합니다. 정확한 계산 연습은 중요하지만, 일정 수준의 계산력을 갖추었다면 집중력을 유지하기 위해 다음 난이도의 연산으로 넘어가야 합니다.

결론적으로, 초등 수학은 고등 내신 대비를 위한 기초를 다지는 시간으로, 교과서 중심 학습과 문장제 문제 해결 능력을 키우는 것이 가장 중요합니다.

3 수학 공부 SKY 로드맵

7세 수학 공부 방법

꼭 해야 하는 수학 공부

- 1~5까지 수 개념 익히기
- 6~9까지 수 개념 익히기
- 0의 개념 이해하기
- 더하기(+)의 개념 배우기
- 두 수의 합이 9 이하인 덧셈(한 자릿수 덧셈) 익히기
- 빼기(−)의 개념 배우기
- 한 자릿수 뺄셈 배우고 익히기

하면 좋은 수학 공부

- 10의 개념 익히기
- 두 자릿수의 개념 배우기
- 두 자릿수 덧셈(합이 99 이하) 연습
- 두 자릿수 뺄셈 연습

초등학교뿐 아니라 중·고등학교 수학에서도 가장 중요한 것은 개념을 제대로 이해하는 것입니다. 문제 풀이만으로는 기초가 탄탄하지 않으면 높은 성취를 기대하기 어려운데요. 예를 들어, 덧셈의 개념은 단순히 숫자를 더하는 것이 아니라, 더하기 기호(+) 의 의미를 이해하고 이를 통해 수의 변화를 인식하는 것을 말합니다.

더하기(+)의 3가지 기본 개념

- 두 수를 모아 전체수를 세기
- 앞의 수에 뒤의 수를 하나씩 더해 전체수를 구하기
- 더하기 두 수 중 큰 수를 먼저 두고 작은 수를 더하기

이 세 가지 방법으로 덧셈의 개념을 충분히 이해하는 것이 중요합니다. 개념 학습을 마친 후에는, 예를 들어 '3+2=', '5+4=', '2+6='와 같은 다양한 덧셈 문제를 풀며 계산 능력을 키워야 합니다. 이는 연산 훈련 단계로 넘어가는 과정입니다.

연산의 4가지 학습 목표

- 정확하게 계산하기
- 느리지 않게 계산하기
- 다양한 방법으로 계산하기
- 계산 방법을 설명할 수 있기

초등학교 수학 진도가 빠르게 나가므로, 7세 때 기초를 다져 두지 않으면 초등학교 1학년이 되었을 때 진도를 따라가기 어려울 수 있습니다. 더하기와 빼기의 개념, 그리고 수 개념은 충분히 익혀두어야 초등학교 입학 후에도 자신감 있게 수학을 공부할 수 있습니다.

초등학교 입학 전에 기본 개념을 익히고 가는 것은 단순히 내용을 아는 것 이상의 의미가 있습니다. 학교에서 자신감을 갖고 학습에 임하는 태도, 특히 '나는 수학을 잘한다'는 자신감이 중요합니다. 입학 후 선생님의 설명을 잘 이해하고, 문제를 풀면서 친구들에게 도움을 줄 수 있을 정도로 실력이 향상되면 아이는 수학에 대한 긍정적인 태도와 도전 의식을 갖게 됩니다. 이처럼 자신감이 생기면 점차 어려운 문제에도 도전하려는 태도가 길러집니다.

초등학교 1~2학년 수학 공부 방법

초등학교 1~2학년 수학 공부의 핵심

1. 수와 연산 영역 집중 학습

초등 수학의 5가지 영역 중 '수와 연산' 영역이 핵심입니다. 이 단계에서는 수 개념과 자릿값 이해(특히 10의 개념), 더하기와 빼기의 기초 개념을 확실히 익혀야 합니다. 기초 개념이 다음 학습 과정의 토대가 되기 때문에 빈틈없이 학습할 수 있도록 세심히 체크하는 것이 중요합니다.

2. 아이의 학습 실력 파악

아이의 수학 실력을 파악하기 위해서는 다양한 문제 유형을 접할 필요가 있습니다. 2~3가지 문제집을 통해 현재 아이의 수학 이해도와 문제 해결 능력을 확인하면, 부족한 부분을 정확히 알 수 있습니다.

3. 학습 능력과 습관 본격 형성

7세 때 기초적인 학습 습관을 익혔다면, 초등학교 1~2학년 때는 본격적으로 학습 능력과 습관을 길러야 합니다. 매일 꾸준히 학습하는 습관과 정확하게 계산하는 습관은 이 시기에 형성하는 것이 좋습니다.

학습이 제대로 진행되고 있는지 확인할 3가지 측면

- 개념 학습이 제대로 이루어지고 있는가?
- 연산을 정확하고 빠르게 할 수 있는가?
- 문제 해결력을 충분히 기르고 있는가?

이 세 가지 측면에서 아이가 부족함 없이 학습하고 있는지 점검해야 합니다.

제대로 학습하기 위해, 그리고 학습의 성과를 확인하기 위해 교과서 외에 두 종류의 문제집을 활용하여 학교 수업과는 별도로 학습을 진행해야 합니다. 하나는 연산 문제집, 다른 하나는 개념 학습과 문제 해결력 훈련을 위한 내신 문제집입니다.

연산 문제집으로는 연산 학습지, 연산 문제집, 계산법 문제집 등이 있으며, 내신 문제집으로는 천재교육, 두산동아, 미래엔, 디딤돌 같은 출판사에서 만든 학기별 문제집이 있습니다. 예를 들어 초등학교 1학년 1학기 수학 문제집이 이에 해당합니다.

연산 연습용 문제집을 선택할 때에는 자녀의 성향을 고려하는 것이 중요합니다. 친절한 설명이 필요하면 사탕, 사과 등의 구체물 그림이 있는 문제집이 좋고, 빠르게 이해하는 아이라면 수식 문제 위주의 문제집이 적합합니다. 또한 계산 정확도가 높고 속도가 적당히 빠른 아이라면 현재 수준의 연산 연습을 지속하기보다는 다음 단계의 연산으로 빠르게 넘어가는 것이 좋습니다. 예를 들어 두 수의 합이 9 이하인 한자리 덧셈을 잘하면, 10의 개념을 학습하고 두 수의 합이 10인 연산 단계로 넘어가야 합니다.

내신 문제집은 한 학기에 두 권을 목표로 진행합니다. 다만, 학습 속도에 따라 1학년 1학기에는 한 권만 풀고, 2학기부터 두 권을 목표로 하거나 2학년 때부터 두 권씩 풀기 시작할 수도 있습니다.

내신 문제집을 선택할 때도 자녀의 수학 실력에 맞는 난이도를 선택하는 것이 매우 중요합니다. 예를 들어, 디딤돌교육의 초등학교 3학년 1학기 수학 문제집은 난이도에 따라 하하, 중하, 중중, 중상, 상상 등 5가지 종류로 나뉩니다. 자녀의 수준에 맞는 난이도를 고르는 것이 학습의 효율성을 높입니다.

초등학교 1~2학년 수학 학습의 두 번째 핵심은 자녀의 실력을 파악하는 것입니다. 초등학교 1~2학년의 수학 실력을 정확히 파악하는 부모님이 드물기 때문에, 맞춤형 문제집을 고르는 것은 쉽지 않습니다. 따라서 2~3가지 문제집을 통해 아이의 실력을 파악하는 과정이 필요하며, 7세까지의 학습 경향을 참고해 대충 한 권을 선택해 시작하는 것이 좋습니다.

문제집의 적정 수준은 각 단원의 실력 문제에서 정답률이 약 80%인 문제집입니다. 초등학교 수학 문제집은 대개 [개념 설명 - 기초 문제 - 유형 문제 - 실력 문제 - 단원평가 문제]로 구성되며, 자녀가 기초 문제와 유형 문제는 거의 다 풀 수 있고 실력 문제에서는 정답률이 80% 정도인 문제집이 적합합니다. 만약 실력 문제에서 정답률이 90~100%라면 한 단계 어려운 문제집을, 50~60% 이하라면 더 쉬운 문제집을 선택하는 것이 좋습니다.

초등학교 1~2학년 수학 학습의 세 번째 핵심은 학습 능력과 학습 습관을 기르는 것입니다. 이 시기에는 자신감을 심어 주는 것이 가장 중요하고, 그다음으로 중요한 것이 학습 습관입니다. 자신감이 있으면 학습이 반복되고, 반복을 통해 습관이 형성되며, 습관을 통해 능력이 발달하고 점수도 오르게 됩니다. 수학을 통해 기른 학습 습관은 다른 과목 학습에도 긍정적인 영향을 미칩니다.

꾸준한 학습 습관을 위해 학습 빈도를 다음 세 가지 중에서 선택해 실행할 수 있습니다.

수학 꾸준히 하기 사례

- 일주일 중 5회 진행 (월~금, 주말과 공휴일 제외)
- 일주일 중 3회 진행 (예 : 월·수·금)
- 일주일 중 2회 진행 (예 : 월·목 또는 화·금)

1학년의 학습 시간은 1회당 30~40분 정도가 적당합니다. 20~30분 동안 문제를 풀고, 10~15분 동안 채점과 틀린 문제 복습을 합니다. 초등 1학년의 집중력 한계를 고려할 때, 20~30분 학습 후 2~3분의 채점 시간 동안 휴식하고, 5~15분은 틀린 문제 복습을 진행하는 것이 좋습니다. 2학년의 학습 시간은 1회당 40분~1시간이 적당하며, 1학년과 같은 방식으로 학습, 채점, 틀린 문제 복습을 진행합니다.

학습 시간 조정이 필요할 경우 문제집 두 권을 다 풀지 못해도 두 번째 문제집의 쉬운 문제는 생략하거나 홀수 또는 짝수 문제만 풀면서 시간을 효율적으로 활용할 수 있습니다. 문제집 두 권을 동시에 진행하기보다는 첫 번째 문제집을 완성한 후 두 번째 문제집을 시작하는 것이 좋습니다.

초등학교 3~4학년 수학 공부 방법

초등학교 3학년이 되면 과목 수가 늘어납니다. 국어와 수학 외에도 사회, 과학, 음악, 미술, 체육, 영어 등이 추가되면서 학습 부담도 커지게 됩니다. 이 시기 1순위 과목은 영어이며, 이에 따라 영어 학습에 가장 많은 시간을 투자하는 것이 중요합니다. 수학은 2순위로, 현재 학년의 내용을 충실히 학습하는 데 중점을 두어야 합니다.

수학이 2순위라 하더라도 이는 투자 시간의 순서일 뿐, 학습의 중요도가 낮다는 의미는 아닙니다. 초등학교 3~4학년 시기의 수학 학습은 앞으로의 수학 실력에 매우 중요한 영향을 미칩니다. 왜냐하면 이 시기는 아이가 본격적인 학습을 할 수 있는 시기이기 때문입니다.

1~2학년과 달리, 3~4학년 때는 학습 경험과 배경지식이 쌓이고, 사고력과 이성적 사고가 발달하여 학습의 기초가 마련됩니다. 또한, 아직 부모의 지도를 잘 따르기

때문에 학습 습관을 형성하기 좋은 시기입니다. 5학년부터는 사춘기가 시작되면서 아이들의 자기주장이 강해질 수 있어, 이 시기에 학습 습관을 다지지 않으면 이후 따라잡기가 어려울 수 있습니다. 초등학교 3~4학년 수학 공부의 핵심은 무엇일까요?

초등학교 3~4학년 수학 공부의 핵심

1. 각 영역별로 개념과 원리를 제대로 학습하기

초등학교 수학은 크게 5개 영역으로 나뉘는데, 이 중 수와 연산 영역의 난이도는 점점 높아지고, 도형과 측정 영역은 본격적인 학습이 시작됩니다. 3~4학년 때 수학 난이도가 올라가는 느낌이 드는 이유입니다. 따라서 각 영역에서 개념과 원리를 잘 이해하고 있는지 점검하는 것이 중요합니다.

2. 학습 능력과 습관을 확립하는 시기

초등학교 3·4학년 시기는 수학을 통해 학습 능력과 습관을 잡는 결정적인 시기입니다. 이 시기에 수학 학습을 잘 해내면 5·6학년 때에도 상위권 성적을 유지할 가능성이 높지만, 그렇지 못하면 성적이 하락하거나 학습 의욕을 잃을 수 있습니다.

3. 수학 영재반 또는 경시대회 도전 여부 판단하기

초등학교 3~4학년 시기는 수학 영재반이나 수학 경시대회(올림피아드) 도전 여부를 결정할 시기이기도 합니다. 극소수의 수학 영재를 제외하고는 이 시기까지 학습 성향을 보고 도전 가능성을 판단할 수 있습니다. 해설과 다르게 자신만의 방법으로 문제를 해결하는 아이들이나 높은 난이도의 문제를 스스로 풀어내는 아이들이 더 높은 가능성을 보이는 편입니다.

초등학교 3~4학년 수학 공부의 가장 중요한 핵심은 '각 영역별로 개념과 원리를 확실히 학습하기'입니다. 1~2학년 때에도 개념과 원리 학습이 중요했지만, 주로 수와 연산 영역에 국한되었고 학습량이 비교적 적어 난이도도 높지 않았습니다. 하지만 3~4학년이 되면 수와 연산뿐 아니라 도형, 측정, 자료와 가능성 등 대부분의 영역에서 본격적으로 개념과 원리를 학습하게 되므로 학습량과 난이도 모두 크게 증가합니다.

이 시기 수학 학습을 충실히 다져 놓으면 이후 학습 부담을 덜 수 있으며, 상위 학년에서도 수학에 대한 자신감을 유지할 수 있습니다.

초등학교 3~4학년 수학의 주요 개념과 원리	
영역	주요 개념과 원리
수와 연산	만, 억, 조, 나누기의 2가지 개념, 몫, 나머지, 곱셈과 나눗셈의 관계, 분수, 분자, 분모, 진분수, 가분수, 대분수, 분수의 덧셈과 뺄셈 원리, 소수, 소수의 덧셈과 뺄셈 원리
도형	직선, 선분, 반직선, 각, 직각, 각도, 1도, 예각, 둔각, 수직, 수선, 평행, 원, 원의 중심, 반지름, 지름, 이등변삼각형, 정삼각형, 직각삼각형, 예각삼각형, 둔각삼각형, 직사각형, 정사각형, 사다리꼴, 평행사변형, 마름모, 평면도형의 성질, 다각형, 정다각형
측정	길이, 1mm, 1cm, 1km, 길이 단위 간의 관계, 부피, 들이, 1mL, 1L, 무게, 1g, 1kg, 1t
자료와 가능성	그림그래프, 막대그래프, 변량, 꺾은선그래프

예를 들어, 도형의 넓이를 구하는 문제 중에는 '이등변삼각형은 두 변의 길이가 같은 삼각형이다'라는 이등변삼각형의 개념을 이용해야 풀 수 있는 문제가 나오며, 도형의 각을 구하는 문제 중에는 '이등변삼각형은 두 밑각의 크기가 같다'라는

이등변삼각형의 성질을 이용해야 풀 수 있는 문제도 나옵니다. 따라서 초등학교 3~4학년 때 수학을 잘하기 위해서는 먼저 위 표의 개념과 원리를 제대로 학습해야 하고, 이를 바탕으로 자녀의 수학 실력에 맞는 난이도의 내신 문제를 충분히 풀어보는 것이 중요합니다.

초등학교 3~4학년 수학 공부의 두 번째 핵심은 '학습 능력과 학습 습관을 자리 잡게 하는 것'입니다. 이를 위해 한 학기에 문제집 2권 이상을 푸는 것이 좋습니다. 초등학교 1~2학년 시기에도 한 학기에 문제집 2권을 푸는 것을 목표로 하긴 했지만, 이 시기는 수학 학습의 시작 단계이므로 아이에 따라 문제집을 1권만 풀면서 학습 능력을 서서히 끌어올릴 수도 있습니다. 특히 1~2학년은 아이의 수준을 파악하는 것이 중요한 시기라면, 3~4학년 때는 수학 실력도 쌓고 학습 능력과 학습 습관을 자리 잡게 해야 합니다. 따라서 1~2학년 때와는 달리 최소한 한 학기에 문제집 2권 정도는 풀어보는 것이 좋습니다.

자녀의 수학 학습이 제대로 진행되고 있는지는 다음 세 가지 측면에서 확인하는 것이 1~2학년 때외 동일합니다.

1. 개념 학습을 제대로 하고 있는가?

2. 연산을 제대로 하고 있는가?

3. 문제 해결력을 충분히 기르고 있는가?

연산 연습은 계속 진행하면서 학기마다 개념 학습과 문제 해결력 훈련을 위한 내신 문제집 2권을 함께 풀어야 합니다. 연산 교재는 여전히 '내 아이'의 수준에 맞추어 선택하고, 연산 진도는 학교 진도보다 6개월 정도 앞서가는 것이 좋습니다.

내신 문제집을 선택할 때 난이도 구분은 '하하, 중하, 중중, 중상, 상상'의 5단계로 하는 것이 좋습니다. 문제집을 선택할 때는 출판사보다 난이도를 보고 결정하며, 3학년 1학기 첫 번째 문제집은 2학년 2학기 때 마지막으로 푼 문제집의 난이도를 기준으로 선택하는 것이 좋습니다.

2학년 2학기 마지막 문제집 난이도	3학년 1학기 첫 번째 문제집 난이도
난이도 상 문제집	난이도 중 문제집
난이도 중상 문제집	난이도 중 문제집
난이도 중 문제집	난이도 중하 문제집
난이도 중하 또는 하 문제집	난이도 하 문제집

예를 들어, 2학년 2학기 때 난이도가 중상 또는 상 수준의 문제집을 풀었다 하더라도 3학년 1학기 첫 번째 문제집은 중급 난이도의 문제집을 선택하는 것이 좋습니다. 이는 3학년 수학의 난이도와 학습량이 2학년보다 높아지기 때문입니다. 만약 2학년 2학기 때 중급 난이도의 문제집을 잘 풀지 못했다면, 3학년 1학기 첫 번째 문제집은 중하 또는 하 수준으로 선택하는 것이 좋습니다. 2학년 2학기 때 중하 또는 하 수준의 문제집도 잘 풀지 못했다면 3학년 1학기 첫 문제집은 난이도 하를 선택하거나, 2학년 2학기를 복습한 후에 3학년 1학기 학습을 진행하는 것이 좋습니다.

또한, 각 단원의 실력 문제 정답률이 약 80%인 문제집이 적정 수준입니다. 초등학교 수학은 보통 한 학기에 6개 대단원으로 구성되며, 문제집은 일반적으로 각 대단원마다 [개념 설명 - 기초 문제 - 유형 문제 - 실력 문제 - 단원 평가 문제] 단계로 구성되어 있습니다. 자녀에게 적합한 문제집은 기초 문제와 유형 문제는 거의 다 풀 수 있으면서 실력 문제 정답률이 80% 정도인 것입니다. 물론 아이가 쉽게 느끼는 단원과 다소 어렵게 느끼는 단원의 실력 문제 정답률은 조금 차이가 있을 수 있지만, 거의 모든 단원의 실력 문제 정답률이 90~100%라면 한 단계 어려운 문제집으로 바꾸는 것이 좋습니다. 반대로 실력 문제의 정답률이 50~60% 이하라면 더 쉬운 문제집으로 바꾸는 것이 좋습니다.

3학년 1학기 첫 번째 문제집으로 난이도 중하를 그럭저럭 풀었다면, 두 번째는 난이도 중을 선택하고, 난이도 중을 그럭저럭 풀었다면 두 번째는 난이도 중상을, 난이도 중을 아주 잘 풀었다면 두 번째는 난이도 상을 진행해 봅니다. 이렇게 3학년 1학기와 2학기를 차례로 진행하면 4학년 때부터는 문제집 선택이 좀 더 명확해질 것입니다. 수학 실력을 상위권으로 키우려면 초등 3학년에는 적어도 난이도 중 수준의 문제집을, 초등 4학년에는 난이도 중상 이상의 문제집을 풀어야 합니다.

앞서 언급했듯이, 학습 능력을 키우고 학습 습관을 들이기 위해서는 수학을 자주, 그리고 꾸준히 학습해야 합니다. 초등 3~4학년 때는 아래 두 가지 사례 중 하나를 선택하여 진행하되, 아이의 상황에 맞게 조정할 필요가 있습니다.

3~4학년 수학 꾸준히 학습하기 사례

- 일주일 중 5회 진행 (월~금, 주말과 공휴일 제외)
- 일주일 중 3회 진행 (예 : 월·수·금)

한 학기에 내신 문제집 두 권을 목표로 한다면 초등 3~4학년에는 주 3회 학습이 적당하며, 학습 시간은 회당 1시간 이내가 좋습니다. 이 중 40분은 문제를 푸는 시간으로 활용하고, 나머지 20분은 채점과 틀린 문제 다시 풀기에 사용합니다. 초등 3학년 아이는 40분 동안 충분히 집중할 수 있으므로, 40분 학습 후 채점 시간에 2~3분 정도 잠깐 쉬고, 5~15분 동안 틀린 문제만 다시 풀어보는 것이 적당합니다. 만약 틀린 문제가 많아 15분 내에 다 풀기 어려운 경우, 문제집의 난이도가 아이에게 맞는지 확인해야 합니다. 난이도가 크게 높지 않은데도 문제를 많이 틀렸다면, 수학뿐만 아니라 전체 학습량도 점검해 볼 필요가 있습니다. 이는 학습 피로로 집중도가 떨어졌을 가능성 때문입니다. 초등 4학년은 학습 시간을 회당 1시간 이상으로 늘리고, 3학년과 동일한 방식으로 문제를 풀고 채점하며 틀린 문제를 다시 풀도록 합니다.

아이의 학습 속도에 맞춰 진행하며, 한 학기에 문제집 두 권을 다 풀지 못할 경우, 두 번째 문제집에서 각 단원 앞쪽의 쉬운 문제는 건너뛰어도 괜찮습니다. 첫 번째 문제집에서 더 어려운 문제를 이미 풀었기 때문에, 두 번째 문제집에서는 짝수 번 문제나 홀수 번 문제만 풀어 시간을 효율적으로 사용하는 것이 좋습니다. 문제집 두 권을 동시에 진행하기보다는 첫 번째 문제집을 마친 뒤 두 번째 문제집을 진행하는 것이 바람직합니다.

반대로 문제집 두 권을 빨리 마쳤다면, 난이도를 한 단계 높인 문제집을 한 권 더 진행해 보되, 쉬운 문제와 지나치게 어려운 문제는 건너뜁니다. 상급 심화 문제집의 경우 단원 마지막에 경시대회 문제가 포함될 수 있는데, 극상위권이 아닌 아이들은 해당 문제를 반드시 풀 필요는 없습니다. 다만, 아이가 원할 경우에만 진행해 보세요.

초등학교 3~4학년 수학 공부의 세 번째 핵심은 '수학 영재반 또는 수학 경시대회 도전 여부 판단'입니다. 수학 경시대회 문제는 학교 시험이나 전국 단위 기준 난이도 상 수준의 내신 문제보다 어려운 편이므로, 경시대회에서 좋은 성적을 목표로 한다면 별도의 대비반 학원 수업과 경시대회 기출문제 풀이가 필요합니다.

준비 없이 단순한 경험을 위해 경시대회에 참가할 경우, 예상치 못한 낮은 점수를 받을 수 있습니다. 이러한 경험도 폭넓은 학습 경험의 일환으로 생각한다면 각자의 선택 문제이지만, 경시대회에서 성과를 내려면 별도의 시간과 노력이 반드시 필요합니다. 수학 경시대회는 '하면 좋은 것'이 아니라 '할 수 있는 아이들이 하면 좋은 것'입니다. 여기서 '할 수 있는 아이들'이란 최소한 3~4학년 상급 문제집을 무난히 풀 수 있는 아이들입니다.

수학 영재반은 보통 학교 영재반, 교육청 영재반, 대학 영재반 등으로 나뉘며, 초등학생의 경우 주로 4~6학년 때 참여합니다. 일반적으로 학교 영재반보다 교육청이나 대학 영재반이 선호되며, 이들 영재반에 참여하려면 정해진 장소에 주기적으로 방문해 학습하고 과제도 수행해야 합니다. 따라서 정기적인 내신 학습과 함께 추가적인 수학 학습이 필요하며, 수학을 잘하고 좋아하는 아이들이 적합합니다. 초등학교 5~6학년 때 영재반에 가려면 초등 3~4학년 때 상급 문제집을 무난히 소화할 수 있는 수준이 되어야 합니다. 경시대회나 영재반을 목표로 한다면 초등 3~4학년 수학에 충실히 임하는 것이 중요합니다. 극소수의 수학 영재들은 3~4학년부터 사고력 수학을 병행하거나 수학 경시대회를 도전할 수 있지만, 이는 매우 드문 경우입니다.

초등학교 3~4학년 때 서술형 주관식 문제는 어떻게 연습해야 할까요? 서술형 주관식 문제는 답만 구하는 것이 아니라 풀이 과정을 글이나 수식으로 표현해야 하므로 많은 아이가 어려워합니다. 또한 수와 연산뿐만 아니라 도형과 측정에서도 서술형 주관식 문제가 출제되므로 체감 난이도가 높게 느껴집니다.

초등학교 3학년 1학기에는 아이마다 서술형 주관식 대비법을 다르게 적용하는 것이 좋습니다. 이 시기에는 아이에 따라 저학년 수준에 가까운 경우도 있으며,

특히 남자아이들 중에는 서술형 문제 풀이를 말로 설명하는 연습부터 하는 것이 좋은 경우도 있습니다. 각 아이의 상황을 잘 판단해 진행해야 합니다.

초등학교 3학년 2학기가 되면 대부분 중학년으로 접어들어 손가락 힘과 쓰기 실력이 길러지고, 사고력도 발달된 상태입니다. 문제 해결력은 있지만 표현력이 부족한 아이에게는 풀이 과정을 한 번에 설명하도록 하기보다는, 단위 정보나 문장 단위로 끊어 설명하게 하여 연습량을 차츰 늘리는 것이 좋습니다. 단, 중급 문제를 잘 풀어내는 것이 우선입니다.

서술형 주관식 문제에서 감점당하는 경우도 있습니다. 꼼꼼함이 부족하거나 쓰기를 귀찮아하는 경우가 있는데, 이는 태도의 문제이므로 아이가 서술형 문제를 제대로 작성해야겠다는 마음가짐을 갖는 것이 중요합니다. 다만 초등학교 성적은 대학 입시 성적에 반영되지 않으므로 이 문제로 아이를 심하게 다그칠 필요는 없습니다. '당근선물'을 통해 서술형 주관식 문제를 자기 실력대로 써 보는 경험을 제공하는 것도 좋은 방법입니다.

아이도 100점 맞는 경험을 자꾸 해 봐야 합니다. 100점은 맞아 본 아이들이 자꾸 맞기 때문입니다.

초등학교 5~6학년 수학 공부 방법

초등학교 5~6학년은 본격적으로 고학년에 접어드는 시기로, 중학생과 같은 사고력을 보이거나 빠른 성장으로 사춘기가 시작되는 아이들도 있습니다. 이 시기의 아이들은 신체적, 정서적, 사고적 성장이 뚜렷해지며 나름의 판단 기준이 생깁니다. 또한, 이전처럼 엄마의 지시에 순종적이기보다 본격적인 사춘기로 접어들어 반항심이 자라기도 하므로, 일방적인 지시보다는 아이와 함께 의논하고 학습을 계획하는 방식이 더 효과적입니다.

초등학교 4학년까지는 자기 학년의 수학 공부에 집중해 학습 능력과 습관을 기르는 시기입니다. 하지만 초등 5학년부터는 자신의 학습 수준에 맞춰 중학교로 이어질 학습 전략을 세워야 하므로, 아이가 직접 수학 학습의 방향과 필요성을 이해해야 합니다. 결국 이 시기 수학 학습을 한 문장으로 정리하면 다음과 같습니다.

"초등 5학년 수학 학습 수준을 기준으로 전략을 세워 진행하되, 아이와 함께 의논하여 진행한다."

초등 5학년의 1순위는 영어와 수학이며, 초등 6학년부터는 수학이 단독 1순위입니다. 5학년에는 영어와 수학에 적절히 시간을 분배해야 하지만, 영어 대비가 잘된 아이는 5학년 때부터 수학에 더 많은 시간을 할애할 수 있습니다. 많은 아이들을 상담해 본 결과, 대부분 영어보다 수학 학습이 미흡한 경우가 많아, 대체로 5학년부터는 수학을 1순위로 두고 선행 학습을 진행하는 것이 좋습니다.

초등학교 5~6학년 수학 공부의 핵심 요소

1. 수학 학습 능력을 객관적으로 평가하기

수학 학습 능력 평가 기준은 5학년에서 푸는 문제집 난이도와 학원의 진단 테스트 결과를 참고합니다. 아이의 학습 수준을 객관적으로 평가한 뒤, 이를 바탕으로 맞춤형 학습 계획을 수립하는 것이 중요합니다.

2. 수학 선행 학습 전략을 수립하고 실천하기

평가 결과를 기준으로 아이에게 필요한 선행 학습의 범위를 계획하고, 실천 가능한 전략을 세워야 합니다. 선행 학습을 효과적으로 진행하기 위해 아이의 진도에 맞춘 교재와 학습법을 활용합니다.

3. 수학 영재반 또는 수학 경시대회(올림피아드) 도전 여부 결정하기

수학 영재반 또는 경시대회 도전 여부를 빠르고 신중하게 결정합니다. 도전할 경우 목표를 설정하고 의미 있게 학습을 진행하며, 준비 과정과 결과를 통해 실질적인 경험을 쌓도록 합니다.

초등학교 5~6학년 수학 공부의 첫 번째 핵심은 '내 아이의 수학 학습 능력을 객관적으로 평가하는 것'입니다. 이 평가에서는 5학년 학습 과정과 결과를 통해 아이의 실력을 측정해야 하며, 그 기준으로는 문제집 난이도와 테스트 결과를 참고합니다. 초등 1~4학년 시기에도 아이의 학습 능력을 계속 평가해왔겠지만, 이 시기의 평가는 중학교와 이어질 학습 전략을 세우는 데 목표가 있습니다.

초등학교 시기별 수학 학습 능력 평가 목표

- **초등학교 1~2학년 평가 목표** : 아이의 타고난 수학 능력과 성향, 그리고 수학 능력 발달 속도를 파악하기 위해 (예:"너는 누구니? 아빠를 닮았니? 엄마를 닮았니? 노력형이니? 전략가 스타일이니?")
- **초등학교 3~4학년 평가 목표** : 아이에게 맞는 수학 학습 능력과 습관을 기르기 위해 (예:"첫 번째 문제집 난이도는 어떤 것이 좋을까? 다음 학기에는 난이도 조절을 어떻게 해야 할까?")
- **초등학교 5학년 평가 목표** : 중·고등학교 수학 실력 예상, 수학 선행 속도 판단, 진로 결정의 근거 마련을 위해 (예:"전국 기준에서 너의 수학 실력은 어느 정도일까? 수학 선행을 어느 정도까지 진행하는 게 좋을까?")

초등학교 4학년까지는 해당 학년의 수학을 제대로 학습하는 것이 중요하지만, 5학년부터는 중·고등학교 학습뿐 아니라 대학 입시까지 염두에 두고 수학 학습을 진행해야 합니다. 이를 위해 5학년 수학 학습 과정을 면밀히 살펴보는 것이 중요합니다. 그럼 왜 6학년이 아니라 5학년부터 점검해야 할까요?

첫 번째 이유는 초등학교 1~6학년 수학 중 5학년 수학이 가장 어렵게 느껴지기 때문입니다. 수와 연산 영역에 등장하는 개념을 살펴보면 그 이유를 쉽게 이해할 수 있습니다.

학년	수와 연산 영역 주요 개념과 원리
초등 3~4	만, 억, 조, 나누기의 2가지 개념, 몫, 나머지, 곱셈과 나눗셈의 관계, 분수, 분자, 분모, 진분수, 가분수, 대분수, 분수의 덧셈과 뺄셈 원리, 소수, 소수의 덧셈과 뺄셈 원리
초등 5	약수, 배수, 공약수, 최대공약수, 공배수, 최소공배수, 약분, 기약분수, 분모가 다른 분수의 덧셈과 뺄셈, 분수의 곱셈, 분수 곱셈과 나눗셈, 소수 곱셈과 나눗셈, 반올림

위 표에서 볼 수 있듯이, 3~4학년 2년 동안 다루는 개념에 비해 5학년 1년 동안 다루는 개념의 양이 훨씬 많고, 난이도도 높습니다. 최근 수학 학습에서는 개념과 원리뿐만 아니라 문제 해결 과정도 설명해야 하므로 많은 아이들이 5학년 수학을 가장 어렵게 느끼며, 이 과정에서 초등학교 수학 실력이 본격적으로 드러나기 때문입니다.

두 번째 이유는 5학년 때부터 본격적인 수학 선행이 필요하기 때문입니다. 수학 선행 학습을 마라톤에 비유하면, 초등학교 6학년은 마라톤 출발점에서 약 10km 지점에 해당합니다. 만약 5학년 때 수학 실력을 제대로 평가하지 못하면, 6학년에 들어가서 다른 아이들은 이미 10km를 목표로 선행 학습에 집중하고 있을 때 우리 아이는 목표 없이 출발하게 되거나, 계획 없이 무작정 따라잡기 바쁠 수 있습니다.

실제로 많은 아이가 의미 없는 선행 학습을 하면서도 그 의미를 제대로 이해하지 못하는 경우가 많습니다.

물론, 아이에 따라 수학 선행 자체가 필요 없는 경우도 있습니다. 그런 경우라면 현행 학습에 집중하는 것이 바람직합니다. 다만, 수학 선행은 대입 수시 대비에 유리한 점이 있기 때문에 적극적으로 검토해 보는 것이 좋습니다.

내 아이의 수학 학습 능력 평가는 초등학교 5학년 때 수행하는 것이 바람직합니다. 평가의 근거는 문제집의 난이도와 학원 평가 테스트 결과입니다. 5학년 때는 한 학기에 내신 문제집 두 권 이상을 목표로 하며, 학기마다 두 번째로 푼 문제집의 난이도를 통해 아이의 실력을 평가할 수 있습니다. 예를 들어 두 번째 문제집으로 난이도 '상상'을 잘 풀어냈다면, 전국 기준 상위 5% 이내의 실력일 가능성이 높고 최소한 상위 10% 이내의 실력을 갖추고 있다고 볼 수 있습니다. 만약 난이도 '중상'의 문제집을 잘 소화했다면 전국 상위 20%에 해당할 가능성이 높으며, 자기 주도 학습을 통해 상위 10% 이내로 진입할 수 있는 가능성도 있습니다. 이처럼 아이가 푼 문제집의 난이도로 전국 단위에서의 수학 실력을 가늠할 수 있습니다.

또한 학원의 진단 테스트로도 아이의 수학 학습 능력을 평가할 수 있습니다. 사교육을 무조건 배척하거나 지나치게 의지하지 않고, 부모의 상황과 아이의 실력에 맞게 잘 활용하는 것이 중요합니다. 사교육을 현명하게 활용하는 방법 중 하나가 바로 진단 테스트입니다. 다만, 초등 1~2학년, 3~4학년 때 한두 번의 진단 테스트로 아이의 수학 실력을 정확히 파악하기는 어렵습니다. 테스트 경험이 부족해 긴장하거나 실력을 제대로 발휘하지 못할 수도 있으며, 이 시기에는 수학 실력이 안정되지 않고 변동성이 크기 때문입니다.

따라서 학원의 진단 테스트 결과는 초등 5~6학년 빠르면 초등 4학년 때부터 의미있게 받아들이는 것이 좋습니다. 초등 5학년부터는 매년 두 번 정도 학원에서 수학 진단 테스트를 받아 아이의 실력을 평가해 보는 것이 도움이 됩니다.

초등학교 5학년 수학 문제집과 학원 진단 테스트를 근거로 수학 학습 능력을 평가한 후의 핵심 과제는 아이에게 맞는 수학 선행 전략을 세우고 실천하는 것입니다. 이때 가장 중요한 것은 선행 학습의 속도 범위로, 즉 아이에게 적합한 수학 선행 속도를 잘 정하는 것이 초등학교 5~6학년 수학 공부의 두 번째 핵심입니다.

우리나라 교육과 입시 제도상 수학 선행은 유리한 점이 많습니다. 실제로 많은 아이가 수학 선행을 하고 있지만, 중·고등학교 때 수학을 잘하는 아이들이 이전보다 더 많아지지는 않았습니다. 이는 단순히 "수학 선행이 유리하다"라는 이유로 아이에게 적합한 속도를 고려하지 않고 무리하게 선행을 진행하기 때문입니다. 의미 없는 선행을 피하려면 선행 학습 전에 아이에게 맞는 속도를 선택하는 것이 중요합니다.

4가지 수학 선행 속도

수학 선행 속도는 다음의 네 가지로 구분할 수 있습니다. 이 네 가지 중 하나를 선택한 후 아이의 상황에 맞게 조절하는 것이 좋습니다.

1. 첫 번째 속도

초등학생 시기에 중학교 수학뿐 아니라 고등학교 수학까지 선행하는 경우입니다. 이 속도가 가능한 아이는 극소수의 이과 상위권에 해당합니다. 이들은 초등 저학년 또는 중학년 때부터 수학을 게임이나 놀이처럼 즐기며, 어려운 문제를 창의적으로 풀어내는 경우가 많습니다.

2. 두 번째 속도

고등학교 입학 전에 고2 수학까지 선행하는 경우로, 이 속도에 맞는 아이들은 문·이과 상위권에 해당하는 편입니다. 초등 5학년 때 난이도 중상 문제집을 풀어내는 아이라면 도전해 볼 수 있는 속도입니다. 단, 이 속도가 가능하더라도 인문학 계열 진로를 희망한다면 일부 고등학교 과목(예: 기하)은 굳이 선행할 필요가 없습니다.

3. 세 번째 속도

고등학교 입학 전에 고1 수학까지 선행하는 경우입니다. 초등 5학년 때 난이도 중 문제집을 무리 없이 풀어내는 아이라면 도전해 볼 수 있습니다. 수시 학생부 전형을 목표로 한다면, 고1 수학까지 선행한 후 고1 입학 후 내신과 학생부 관리에 집중하는 것이 좋습니다. 본격적인 수능 준비는 고1 이후에 하기 때문에, 초반에는 수시에 초점을 맞추는 것이 유리할 수 있습니다.

4. 네 번째 속도

수학 선행을 하지 않는 경우입니다. 초등 5학년 때 난이도 중중 문제집을 어렵게 느끼는 아이들은 이 경우에 속합니다. 이들은 의미 있는 선행을 진행하기 어려우므로, 현재 학년 수학에만 집중하는 것이 좋습니다.

아이의 수학 선행 속도는 초등 5학년 때 푼 수학 문제집 난이도와 학원의 진단 테스트를 바탕으로 결정할 수 있습니다. 학원의 진단 테스트는 학원마다 편차가 있을 수 있으므로, 먼저 문제집 난이도를 근거로 1차 판단을 하고, 학원 테스트는 이를 확인하는 용도로 활용하는 것이 좋습니다.

첫 번째 속도는 초등 5학년 이전에 결정될 수 있습니다. 초등 저학년이나 중학년 시기에도 수학을 즐겁게 여기고 문제를 독창적으로 풀어내는 아이들은 첫 번째 속도를 적용할 수 있습니다.

두 번째 속도는 초등 5학년 때 난이도 중상 문제집을 잘 풀어내는 아이라면 도전할 수 있습니다. 단, 이 속도가 가능하더라도 진로에 따라 일부 고등 과목은 선행이 필요 없을 수도 있습니다.

세 번째 속도는 초등 5학년 때 난이도 중 문제집을 안정적으로 풀어내지만 중상 문제집은 부담스러워하는 아이들이 선택할 수 있는 속도입니다. 이들은 고1 수학까지 선행한 후 고등학교 입학 후에는 내신과 학생부 관리를 중심으로 학습을 진행하며, 고1 수학까지의 선행을 마친 상태에서 수시 전형에 대비할 수 있습니다.

네 번째 속도는 초등 5학년 때 난이도 중중 문제집을 어렵게 여기는 아이에게 적합합니다. 이러한 아이들은 선행 학습보다는 자기 학년의 학습에 집중하는 것이 좋습니다. 의미 있는 선행은 최소한 난이도 중중 이상 문제집을 풀 수 있는 수준이어야 가능하기 때문에, 현재 학년의 난이도 중중 문제집도 힘들다면 상위 학년의 중중 문제집은 더 어렵습니다. 이 경우 선행보다는 현재 학년 학습과 필요한 경우 이전 학년 복습에 집중하는 것이 좋습니다.

많은 아이가 수학 선행을 하지만, 그중에는 의미 없는 선행을 하는 경우도 많습니다. 의미 있는 선행은 최소한 난이도 중중 이상 문제집을 풀어보는 것을 의미합니다. 예를 들어, 초등 6학년 때 중학교 1학년 수학 선행을 한다면, 중1 개념서난이도 하만 푸는 것이 아니라 실전서난이도 중까지 풀어야 선행 효과가 있습니다. 가능하다면 심화서난이도 상까지 풀어야 선행을 제대로 한 것으로 평가할 수 있습니다. 반대로, 중1 개념서난이도 하만으로 선행을 진행할 경우 그 효과는 거의 없다고 볼 수 있습니다.

따라서 네 번째 속도에 해당하는 아이들은 선행을 억지로 진행할 필요가 없습니다. 이들에게 의미 있는 선행은 난이도 중중 이상의 문제집을 풀어내는 것이지만, 현재 학년의 중중 문제집도 버거워한다면 상위 학년의 중중 문제집은 더 큰 부담이 됩니다. 이 경우 선행보다는 5학년 수학 학습에 충실하고 필요한 경우 4학년 수학 복습도 병행해 수학 학습 능력을 탄탄히 다지는 것이 우선입니다. 이렇게 준비하면 6학년 또는 중학교 이후에 선행 학습의 기회가 생길 수 있습니다.

초등학교 5~6학년 수학 학습에서 고려할 세 가지 핵심

1. 첫 번째 핵심: 내 아이에게 맞는 선행 속도 선택하기

초등학교 1~2학년 때 아이가 수학 문제에는 관심이 없고 팽이 놀이에 몰두한다면 첫 번째 속도(고등 수학까지 선행하는 속도)는 과감히 지우는 것이 좋습니다. 아이에게 맞는 수학 선행 속도를 현명하게 선택하고, 이 속도대로 진행해야 아이에게 적합한 수학 학습의 길을 찾을 수 있습니다. 초등학교 시기마다 자녀의 학습 상황을 돌아보며 선택과 집중을 하는 것이 중요합니다.

2. 두 번째 핵심: 수학 영재반 또는 수학 경시대회 도전 여부를 현명하게 결정하기

수학 영재반이나 경시대회(올림피아드)에 도전한다고 해서 학교 내신 수학이 해결되는 것은 아닙니다. 내신 수학이란 학교 시험 대비를 넘어, 전국 단위 기준으로 교과서 중심의 문제 해결력을 상위권 수준까지 끌어올리는 학습을 의미합니다. 대학 입시에서 초등학교의 수상 실적이나 영재반 이력은 직접적인 도움이 되지 않으므로, 영재반이나 경시대회에 도전한다면 내신 수학을 탄탄히 유지하면서 추가로 도전하는 정도가 바람직합니다.

이 시기에 영재반과 경시대회를 병행하려면 몇 가지 조건을 점검해 봐야 합니다.

- 내신 수학 학습을 충분히 진행하고 있는가?
- 수학을 즐기며 추가 학습을 긍정적으로 받아들이는가?
- 수학 학습이 다른 과목 학습에 지장을 주지 않는가?
- 내신보다 더 높은 난이도의 문제도 해결할 수 있는가?

특히 경시대회는 난이도가 매우 높기 때문에 준비를 위해 많은 시간과 노력이 필요하며, 이와 관련된 학원과 기출문제 풀이도 필수적입니다. 일부 예외적으로 영재고나 특목고 입학을 목표로 하는 아이들은 경시대회 준비가 도움이 될 수 있지만, 이는 아주 소수의 경우에 해당합니다.

3. **세 번째 핵심**: 수학을 즐기며 꾸준히 학습할 수 있는 환경을 만들어 주기

수학적 재능이 뛰어나지만 내신 수학에 흥미를 보이지 않던 아이가 대학 수학 영재반에 참여해 수학에 대한 흥미를 되찾고 진로까지 결정하는 경우도 있지만, 이는 매우 드문 사례입니다. 초등학교 5~6학년 시기는 중·고등 대비 학습을 시작하면서 수학을 포함한 여러 과목에 집중해야 하는 시기이므로, 아이의 흥미와 실력에 맞춰 수학 영재반이나 경시대회 참여 여부를 현명하게 판단하는 것이 중요합니다.

Q&A : 수학 학원과 학습 방향에 대한 질문들

Q1. 수학 학원은 언제부터 보내는 것이 좋을까요?

A1. 개념 설명과 기초 문제를 아이가 스스로 이해하고 풀 수 있다면, 학원에 보낼 필요는 없습니다. 하지만 개념 설명부터 어렵거나 기초 문제부터 풀기 힘들어한다면, 학습을 돕는 소그룹 학원이나 공부방을 고려해 볼 수 있습니다. 학원에 가야 하는 때는 아이가 혼자 공부하기 어려울 때이며, 아이의 상황에 따라 학원 수업 형태를 잘 선택하는 것이 중요합니다.

Q2. 수학을 꼭 잘 해야 하나요?

A2. '고등학교 공부의 절반은 수학'이라는 말이 있을 정도로, 우리나라 교육에서는 수학이 중요합니다. 하지만 수학이 약하더라도 다른 과목에 재능이 있다면 그에 맞는 진로를 선택할 수 있습니다. 다만, 수학 포기자(수포자)가 되는 것은 피해야 합니다. 수포자가 되면 진로 선택의 폭이 매우 좁아지기 때문에 최소한 기초적인 학년 수준의 수학은 탄탄히 다져두는 것이 좋습니다.

초등학교 5~6학년은 수학 선행과 중·고등 대비 학습을 함께 고려해야 하는 시기입니다. 아이에게 맞는 학습 방법과 선행 속도를 현명하게 선택하며, 수학에 대한 흥미와 성취감을 꾸준히 유지할 수 있도록 지원하는 것이 중요합니다.

행공신 0.1% 초등 영어

PART 05

1. 엄마표 영어 vs 학원 영어

2. 영어 실력은 결국 읽기다

3. 영어 공부 SKY 로드맵

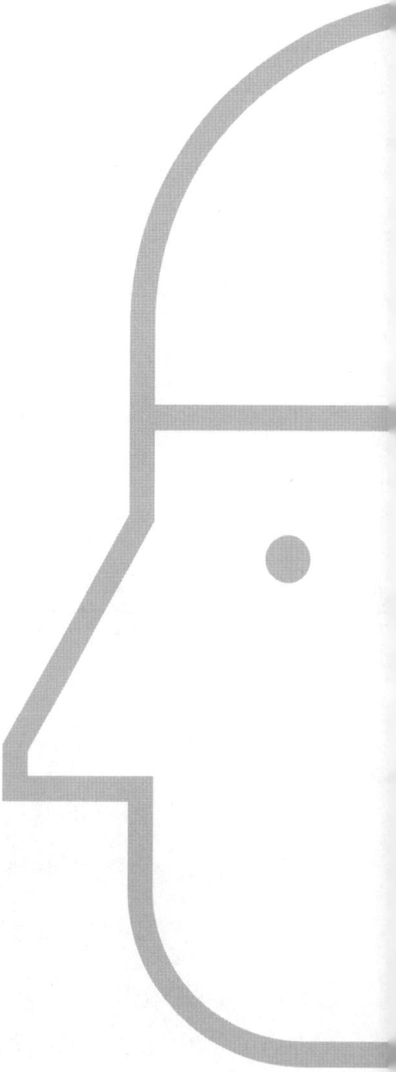

| 엄마표 영어 vs 학원 영어

엄마표 영어와 학원 영어 중 어느 쪽이 더 효과적일까요? 결론부터 말하자면, 엄마표 영어의 효과가 더 큰 경우가 많습니다. 하지만 엄마표 영어는 학원보다 훨씬 많은 고민과 시간, 노력을 필요로 합니다. 따라서 충분한 시간과 노력을 들일 수 없는 상황에 놓인 엄마들에게는 쉽지 않은 선택일 것입니다. 그렇기 때문에 "엄마표와 학원 중 어느 것이 더 좋은가?"라는 질문보다는 "내 상황이 엄마표 영어를 할 수 있는 상황인가?"를 먼저 고려하는 것이 더 적절합니다. 만약 시간이 부족하다면, 학원의 도움을 받는 것이 좋습니다. 다만, 학원 선택이 중요합니다. 학원 선택 시 유의할 기준은 엄마표 영어를 진행할 때에도 동일하게 적용됩니다.

영어를 잘하려면 어떻게 해야 할까요? 답은 간단합니다. 많이 해야 합니다. 영어를 정복하는 길은 여러 가지가 있지만, 어느 길을 선택하든 꾸준하고 충분한 학습량이 필요합니다. 가끔 짧은 시간에 영어를 잘하게 되었다는 사람들도 있지만, 이는 대부분 타고난 재능 덕분인 경우가 많습니다.

영어 정복의 방법을 크게 두 가지로 단순화할 수 있습니다. 하나는 '습득의 길'이고, 다른 하나는 '공부의 길'입니다. '습득의 길'은 영어를 자연스럽게 언어로서 습득하는 방식이고, '공부의 길'은 학습을 통해 영어를 익히는 전통적인 방식입니다. 공부의 길은 과거 우리 부모 세대가 영어를 학습하던 방식으로, 알파벳 암기, 단어와 숙어 외우기, 문법과 독해 연습 등을 차례로 진행하는 방식입니다. 사전을 들고 다니며 단어장을 만들고, 여러 단계의 문법 교재를 반복해 학습하는 방식이었습니다.

반면, '습득의 길'은 우리가 모국어를 배울 때처럼 영어를 자연스럽게 익히는 방법입니다. 먼저 충분한 듣기 활동으로 언어에 대한 귀를 열어주고, 듣기와 읽기 병행을 통해 기초 영어에 익숙해진 후, 영어책 읽기를 통해 읽기 능력을 키우는 방식입니다. 이후 중·고등학교 내신 대비를 위해 영문법과 독해 교재 등을 학습합니다. 이 과정에서 엄마가 주도적으로 끌고 가는 것이 '엄마표 영어'입니다.

영어 학원은 종류가 다양하지만, 세 가지 유형으로 나눌 수 있습니다. 첫 번째는 회화 중심의 학원, 두 번째는 초등 저학년이 주로 다니는 어학원, 세 번째는 초등 고학년과 중·고등학생을 위한 내신 대비 학원입니다. 이 중에서 엄마표 영어와 비슷한 방식으로 운영되는 학원은 어학원이지만, 실제로는 이름만 어학원이고 내신 학원처럼 운영되는 경우도 있습니다.

초등 영어에서 '습득의 길'과 '공부의 길' 중 어느 것이 더 나은지 결론을 내리자면, 당연히 '습득의 길'이 더 좋습니다. 영어는 언어이기 때문에 습득 방식으로 진행할 때 더 좋은 결과를 얻을 수 있습니다. 이후 중·고등학교에 진학하면 우리나라 교육 현실에 맞게 공부를 접목하는 것이 필요합니다. 과거 부모 세대가 공부 방식으로 영어를 배웠지만, 오랜 시간과 비용에도 불구하고 원하는 결과를 얻지 못한 경우가 많았습니다.

그렇다고 해서 "영어는 습득의 길이 더 좋으니 무조건 엄마표 영어를 하자!"는 뜻은 아닙니다. 앞서 언급했듯이 엄마표 영어가 쉬운 것은 아니기 때문입니다. 따라서 엄마표 영어를 선택할 수도 있지만, 어학원을 적극적으로 활용하는 것도 좋은 방법입니다. 이때 어학원은 간판만 어학원이 아닌, 실제로 영어를 습득 방식으로 진행하는 학원을 선택해야 합니다. 듣기와 읽기를 중요하게 여기며, 쓰기와 문법은 처음부터 욕심내지 않고 차근차근 진행하는 학원이 적합합니다. 회화는 고등학교 내신과 대입 준비가 충분히 된 후에 별도로 학습하는 것이 좋습니다. 듣기, 말하기, 읽기, 쓰기를 균형 있게 학습하는 것이 좋지만, 영어에만 지나치게 많은 시간을 투자하면 문해력과 수학 등 다른 중요한 학습에 영향을 줄 수 있으므로 적절히 조율하는 것이 필요합니다.

2 영어 실력은 결국 읽기다

영어를 잘한다는 것은 듣기, 말하기, 읽기, 쓰기 네 가지 능력을 모두 갖추는 것입니다. 즉, 영어로 하는 말을 잘 알아듣고, 영어로 자유롭게 말하며, 영어로 쓴 글을 이해하고, 영어로 글을 쓸 수 있어야 합니다. 영어를 모국어로 사용하는 미국이나 영국 아이들의 언어 습득 과정을 보면, 먼저 듣기부터 시작합니다. 신생아는 태어나자마자 듣기만 하다가 점차 단어를 발음하고 말하기 능력을 키워 나갑니다. 이후 읽기 능력을 익히며, 마지막 단계에서 쓰기를 배웁니다. 이처럼 듣기가 되어야 말하기가 가능하고, 읽기가 충분히 되어야 쓰기도 가능합니다. 이는 국어나 영어 모두에 해당하는 언어 습득의 기본 원칙입니다.

그러나 영어 학습을 할 때에는 국내 교육 현실도 고려해야 합니다. 상위권 대학 진학을 목표로 한다면, 대입 제도와 고입 제도, 초·중·고 시험 방식도 염두에 두어야 합니다. 2028년 대입 개편안을 기준으로 고등학교 내신 성적과 수능 성적이 중요한 평가 요소로 자리 잡고 있습니다. 따라서 영어 듣기, 말하기, 읽기, 쓰기, 문법이 각각 내신과 수능 시험에서 어느 정도 비중을 차지하는지 파악하는 것이 중요합니다.

우선 듣기는 고등학교 내신 시험에는 출제되지 않지만, 수능 시험에는 포함됩니다. 다만 수능 듣기는 일상 대화 수준이기 때문에, CNN과 같은 높은 수준의 듣기까지 연습할 필요는 없습니다. 물론 고난도의 듣기 훈련도 도움이 되겠지만, 대입 대비로는 필수적이지 않습니다. 말하기는 고등학교 내신과 수능 시험 모두 출제되지 않으므로, 영어 말하기 훈련은 대입을 목표로 할 때 후순위로 고려할 수 있습니다.

읽기는 매우 중요합니다. 국어와 마찬가지로 영어 성적에 절대적인 영향을 미치며, 내신과 수능 시험 모두 독해 능력이 중요한 평가 요소입니다. 문법은 수능 시험에서 비중이 크지 않지만, 고등학교 내신에서는 중요한 부분으로 다뤄집니다. 쓰기는 고등학교 내신 시험에서 서술형 주관식으로 출제되지만, 수능에서는 평가 항목에 포함되지 않습니다. 따라서 쓰기 능력을 향상시키려면 우선 읽기와 문법에 대한 기초가 탄탄해야 한다는 점도 중요합니다.

구분	고등학교 내신	대입 수능
듣기	출제되지 않음	일상 대화 수준 출제
말하기	출제되지 않음	출제되지 않음
읽기	비중이 매우 큼	비중이 매우 큼
쓰기	서술형 출제	출제되지 않음
문법	비중이 작지 않음	비중이 작음

이 표를 바탕으로 중요도를 정리해 보면, 읽기가 가장 중요하고, 그다음이 문법, 쓰기와 듣기 순입니다. 즉, 영어 공부에 가장 많은 시간과 노력을 읽기에 집중하고, 그다음 문법, 쓰기, 마지막으로 듣기에 할애하는 것이 좋습니다.

한때는 말하기와 쓰기가 포함되지 않은 수능 시험만으로 대학에 진학할 수 있었습니다. 하지만 만약 10년 후 영어 면접이 도입된다면, 영어 말하기 능력이 중요한 평가 요소가 될 것입니다. 이처럼 우리나라의 초등 교육은 대입 제도의 영향을 크게 받습니다. 따라서 자녀가 어리더라도 부모는 대학입시 제도와 초·중·고 교육의 큰 흐름을 지속적으로 파악할 필요가 있으며, 초등 영어 공부도 이러한 관점에서 계획해야 합니다.

3 영어 공부 SKY 로드맵

5세~7세 영어 학습 방법

이 시기의 아이가 영어를 거의 접하지 않았다면, 먼저 '사물이나 사람의 이름을 통해 기초 단어 배우기'를 진행해야 합니다. 아이 주변에 있는 사물이나 사람 중 아이가 우리말로 이름을 알고 있는 것들에 영어 카드를 붙이고, 영어 이름을 알려줍니다. 예를 들어, 엄마에게는 'mother' 카드를 붙이며 '마더'라고 알려주고, 아빠에게는 'father' 카드를 붙이며 '파더'라고 알려줍니다. 의자에는 'chair체어', 숟가락에는 'spoon스푼', 신발에는 'shoes슈즈'라고 적힌 카드를 붙입니다. 기차처럼 집에 없는 물건의 경우 사진이나 그림에 'train트레인' 카드를 붙여서 단어를 알려줍니다. 이렇게 실제 사물이나 사진, 그림을 통해 기초 단어를 익히는 과정이 가장 효과적이며, 이를 돕기 위해 '플래시 카드'라는 도구도 사용됩니다.

기초 단어를 어느 정도 익혔다면, 'Come here.'처럼 짧은 문장 배우기로 넘어가는 것이 좋습니다. 알파벳이나 파닉스를 가르치지 않으면서 짧은 문장부터 배우는 이유는 인간의 모국어 습득 과정과 관련이 있습니다.

우리나라 아이들이 모국어를 익힐 때 처음에는 단어 하나씩 말하기 시작하고, 점차 단어 수가 늘어나며 짧은 문장을 말하게 됩니다. "엄마, 물 줘.", "저기 가자.", "아빠 좋아." 같은 문장을 구사하면서도 자음, 모음을 배우거나 문법을 배우지 않습니다. 영어를 습득할 때도 같은 방식이 효과적입니다. 다만, 단순 반복을 통해 기계적으로 암기하게 하는 것은 습득 효과가 적고 영어에 대한 거부감을 줄 수 있으므로 피해야 합니다.

언어를 습득한다는 것은 '의미, 소리, 글자' 간의 관계를 이해하고 기억하며 활용하는 능력을 키우는 것입니다. 예를 들어, "'Come here'는 '이리 와'라는 뜻이야."라고 단순히 암기시키기보다, 실제로 아이를 부를 때 "Come here. 이리 오렴."이라고 말하는 식으로 상황에서 자연스럽게 배우게 하는 것이 효과적입니다. 아이가 엄마에게 오면 "Brush your teeth."라고 말한 후 실제로 양치하게 하는 식입니다. 이처럼 문장을 실제 상황 속에서 배우는 방식이 의미 있는 반복 습득을 가능하게 합니다.

이때 'brush'는 '닦다', 'your'는 '너의', 'teeth'는 '이빨'이라는 의미를 따로 설명할 필요는 없습니다. 문장을 단어의 조합이 아닌 한 덩어리로 배우는 것이 좋은데, 이를 청킹chunking이라고 합니다. 청킹은 언어 습득 초기에 효과적인 방법으로, 영어 습득에서도 활용하기 좋습니다. 특히 아래와 같은 문장들은 청킹으로 익히기에 적합합니다. 청킹 학습도 실제 상황에서 진행할 때 의미 있고 효과적인 습득이 가능합니다.

청킹으로 배우기 좋은 문장 예시

- Good morning. / Good night.
- Thank you. / That's OK.
- Let's go. / Let's play house.
- I want to go. / I have to go.
- Let's go. / Don't go.

짧은 문장을 청킹으로 배우는 방법 중 하나는 챈트chant입니다. 챈트는 반복적인 멜로디로 짧은 문장을 익히게 하며, 이 과정에서 흥미와 재미가 뒷받침될 때 학습 효과가 더 높아집니다. 챈트 외에도 그림책, 소리 펜, 동영상, 노래 등 다양한 도구를 활용할 수 있습니다. 이러한 방법을 사용할 때 아이가 재미를 느낄 수 있는지 확인하는 것이 중요합니다.

짧은 영어 문장은 매일 20~30분씩 꾸준히 반복 학습해야 효과적이며, 이미 배운 문장도 자주 반복해 완전히 익히도록 합니다. 예를 들어, 'I see a ~ looking at me.' 라는 문장을 배웠다면 며칠 뒤 가족 호칭 단어father, mother, grandfather 등를 활용해 다시 익히면서 단어와 문장을 복습할 수 있습니다.

이 단계에서 중요한 것은 학습이 공부처럼 느껴지지 않게 하는 것입니다. 이를 위해 실제 상황 속에서 의미 있게 반복하거나, 학습 콘텐츠 자체가 흥미롭고 재미있어야 합니다. 이는 영어 유치원의 장점이기도 합니다.

짧은 문장 학습이 어느 정도 되었다면, 집중적으로 듣기 능력 기르기 단계로 넘어갑니다. 목표는 총 300시간의 듣기 시간 확보입니다. 듣기는 나이보다는 학습 단계에 따라 시작하는 것이 좋으며, 기본적인 이름과 짧은 문장을 알고 있을 때 시작하는 것이 효과적입니다. 이때 듣기 훈련은 주 1~2회가 아닌 매일 20~30분씩 꾸준히 진행하는 것이 중요합니다.

듣기 방법으로 추천되는 것은 영어 애니메이션 시청입니다. 주로 시리즈물 애니메이션이 좋은데, 예를 들어 '까이유', '티모시네 유치원', '베렌스타인 베어', '클리포드', '매직키', '엘로이즈' 등이 있습니다. 이 단계는 우리말 습득 과정에서 5~9세 무렵 가정, 유치원, 학교 등 일상에서 우리말을 듣는 과정과 유사합니다. 따라서 애니메이션을 선택할 때 현재 아이의 듣기 수준과 공감할 수 있는 내용을 고려해야 합니다. 예를 들어, 5~7세 아이에게는 배경이 유치원인 '티모시네 유치원'이 적합합니다.

또한, 애니메이션 선택 시 아이의 취향도 고려해야 합니다. 모험 이야기를 좋아하는 아이에게는 'Phineas and Ferb', 여자 주인공의 일상과 모험 이야기를 선호한다면 'Strawberry Shortcake', 강아지를 좋아하는 아이에게는 'Clifford'를 추천합니다.

영어 애니메이션 선택 시 고려사항
• **현재 아이의 듣기 수준** : 내용의 난이도와 속도
• **아이의 연령** : 공감할 수 있는 주제와 내용
• **아이의 취향** : 일상, 모험, 코믹 등 장르

애니메이션을 시청할 때 자막에 대한 질문을 자주 받는데, 한글 자막은 보여주지 않는 것이 좋습니다. 영어 자막도 가급적 사용하지 않는 것이 좋습니다. 한글 자막을 사용하면 영어 소리를 대충 듣게 되어, 듣기 훈련 효과가 떨어지기 때문입니다. 듣기 능력이 자리 잡을 때까지는 영상에 대한 갈증을 유도하고, TV 시청과 스마트폰 사용도 제한하는 것이 좋습니다. 이렇게 하면 아이는 만화 자체에서 재미를 느끼며 상황을 추론하려고 노력하게 됩니다. 이때 앞서 배운 이름과 짧은 문장이 단서가 되어 자막 없이 내용을 추론하는 데 도움이 됩니다.

7세 즈음에 애니메이션 듣기를 할 경우, 하루 중 영어 노출 시간은 30~40분 정도가 적당합니다. 20~30분은 애니메이션 시청, 10~20분은 이름과 짧은 문장 학습을 진행하되, 아이가 더 보고 싶어 할 경우 40~50분까지 만화 시청을 늘릴 수 있습니다.

다음 단계는 영어 그림책 읽기입니다. 상위권 기준으로 7세나 초등 1학년 즈음에 1~2줄 정도의 영어 그림책을 읽을 수 있다면 이후 영어 학습을 수월하게 진행할 수 있습니다. 만약 7세 아이가 아직 영어 학습을 거의 시작하지 않았다면, 위의 단계를 동시에 진행하는 것이 좋습니다.

초등학교 1~2학년 영어 학습 방법

영어 만화를 보는 다음 단계는 영어 그림책 읽어주기입니다. 이 과정에서는 부모님이 직접 영어 그림책을 읽어주거나, CD나 사운드 파일을 통해 내용을 들려주는 방식으로 진행할 수 있습니다. 이는 우리말로 그림책을 읽어주는 것과 같은 단계로, 영어 읽기 독립 전 준비 과정에 해당합니다.

먼저 한글 습득 과정을 살펴보면, 사람이나 사물의 이름을 배우고, 이어서 짧은 문장을 습득하는 방식으로 이루어집니다. 예를 들어, "밥 줘", "물 줘"와 같은 짧은 문장을 익힌 뒤, 한글 그림책을 많이 읽어주면 읽기 독립 속도도 빨라집니다. 영어도 마찬가지입니다. 영어 이름과 짧은 문장을 배우고, 약 300시간의 영어 만화 시청으로 듣기 능력을 발달시키면 읽기 능력을 기를 준비가 됩니다. 이 상태에서 영어 그림책을 읽어주면 읽기 독립으로 빠르게 이어질 수 있습니다.

영어 그림책 읽어주기의 효과는 '통문장 읽기'에 있습니다. 예를 들어, "I am a boy."라는 문장을 배울 때 "I는 나, am은 ~이다" 식으로 분리해서 배우는 것보다는 문장을 통째로 "나는 소년이다"로 이해하는 것이 더 효과적입니다. 이처럼 단어나 문장을 개별 요소가 아닌 의미를 가진 덩어리로 파악하는 것이 중요합니다.

언어 습득은 '의미, 소리, 글자'라는 세 요소의 관계를 파악하고 기억하며 활용하는 과정입니다.

- **의미** : 그림책 속 소년 그림을 보며 의미를 파악합니다.
- **소리** : CD에서 들리는 "I am a boy."라는 소리를 듣습니다.
- **글자** : 그림책 속 문장을 보며 이미 알고 있는 소리와 그림을 통해 의미를 추론합니다.

물론 한 번의 반복으로 이 문장을 통문장으로 읽을 수 있게 되진 않습니다. 같은 문장을 여러 책에서 반복적으로 접하며 익히는 것이 중요합니다. 예를 들어 'brown bear' 같은 그림책은 반복되는 문장이 많아 통문장으로 습득하기에 좋습니다. 다만 이런 책이 많지 않기 때문에 영어 그림책 읽어주기는 '다독'이 중요합니다.

이 과정을 꼭 영어 그림책으로만 진행할 필요는 없습니다. 영어 유치원에서는 다양한 방법을 활용하며 이 단계를 진행하기도 합니다. 또한 이 과정을 거치지 않더라도 영어 학원에서 꾸준히 배우면 읽기 능력을 익힐 수 있습니다. 하지만 한글 습득 과정에서도 그림책을 많이 읽은 아이와 교재 위주로 학습한 아이가 한국어 능력에서 차이를 보이듯이, 영어도 자연스러운 습득 과정이 훨씬 효과적입니다. 따라서 학원 선택 시에도 영어 습득 과정을 고려한 학원을 고르는 것이 좋습니다.

영어 그림책 읽어주기를 시작하기 전에 꼭 300시간의 영어 듣기를 완료할 필요는 없습니다. 예를 들어 'brown bear' 책을 듣기와 읽기 연습용으로 함께 사용하거나, 짧은 문장 청킹 학습과 듣기를 6개월 정도 진행한 후 그림책 읽기를 병행하는 것도 가능합니다. 이 경우에는 그림책을 잘 선택해야 하는데, 아이가 대략적인 내용을 그림만으로 파악할 수 있을 정도로 쉬운 텍스트와 재미를 함께 갖춘 책이 좋습니다.

일상에서 영어 학습을 진행하는 데 부담을 느낀다면, '적어도 영어를 부모 세대처럼 공부로 배우게 하지는 말자'는 마음가짐으로 시작해 보세요. 완벽하지 않더라도 가능한 영어 습득 방식을 적용하려 노력해 보십시오. 오늘날에는 영어 도서관과 유튜브 등 영어 콘텐츠 접근성이 훨씬 높아졌습니다.

영어 그림책 읽어주기를 시작하면, 하루 영어 노출 시간은 1시간 이상이 적당합니다. 20~30분 동안 영어 만화를 보는 시간을 유지하고, 20~30분은 영어 그림책을 읽어주며 상황에 따라 영어 이름이나 짧은 문장을 복습합니다.

만약 아이가 영어 문자에 관심을 보인다면 알파벳과 파닉스 학습을 시작할 준비가 된 것입니다. 이 시기가 학습 효과 면에서 가장 적절합니다. 알파벳과 파닉스는 한글 읽는 방법을 먼저 익힌 후 배우는 것이 좋습니다. 파닉스는 영어 철자를 소리로 연결하는 법칙을 배우는 과정이기 때문에 한글 읽기가 선행되어 있으면 더 쉽게 이해할 수 있습니다. 아래 세 가지 조건이 충족된다면 아이가 관심을 보이지 않더라도 파닉스를 시작해 보는 것도 좋습니다.

파닉스 학습 시기

- 영어 듣기를 일정 정도 진행한 상태
- 영어 문장을 어느 정도 접한 상태
- 한글 읽는 방법을 배운 상태

영어 그림책 읽어주기를 충분히 진행하고 파닉스를 학습한 후에는 '영어 그림책 읽기' 단계로 넘어갑니다. 이는 모국어 읽기 독립 훈련과 비슷하게 영어 독립 읽기를 연습하는 과정입니다. 영어 읽기도 단순히 소리를 내는 것이 아니라 의미를 파악하며 읽어야 진정한 읽기가 됩니다. 초기에는 이미 여러 번 읽어준 책을 스스로 읽도록 하는 것이 좋습니다. 의미를 파악한 책이므로 읽기에 집중할 수 있고, 흥미를 느끼며 성취감을 얻을 수 있습니다. 먼저 부모와 아이가 한 문장씩 번갈아 읽거나, 듣기를 해본 뒤에 아이가 스스로 읽도록 하는 방식도 좋습니다.

초기에는 짧은 그림책을 하루 1~2권 정도 읽게 하여 부담감을 줄이고, 점차 익숙해지면 하루 20~30분 정도의 읽기를 목표로 합니다. 이때 영어 노출 시간은 영어 애니메이션 보기 20~30분, 영어 그림책 읽어주기 20~30분, 영어 그림책 스스로 읽기 20~30분으로 구성할 수 있습니다. 스스로 읽는 책은 이미 읽어주었던 쉬운 책 위주로 하고, 읽어주는 책은 쉬운 책과 도전해 볼 만한 책을 절반씩 배합하는 것이 좋습니다.

초등학교 1~2학년 때 영어 학원을 선택할 때도 이와 같은 내용을 참고할 수 있습니다. 이 시기 영어 학습에서 중요한 것은 듣기와 읽기입니다. 읽기는 '읽어주기' 단계를 거쳐 '혼자 읽기'로 서서히 넘어가는 것이 좋으며, 아이가 영어를 공부로 느끼지 않게 하는 것이 중요합니다. 문법을 강조하거나 단순 암기 방식의 학원, 쓰기를 지나치게 강조하는 학원은 가급적 피하는 것이 좋습니다.

위와 같은 방식으로 초등학교 1~2학년 동안 매일 1시간 이상 영어에 노출된다면, 초등 1학년 때 AR1, 초등 2학년 때 AR2 수준의 책을 읽을 수 있게 되며 전국 상위권 영어 실력을 갖추게 될 가능성이 높습니다. 만약 초등 2학년 때 AR1 수준의 책을 읽더라도 이후 순조로운 학습이 이루어진다면 충분히 상위권에 도달할 수 있습니다.

AR 지수 (Accelerated Reader)

- 미국 Renaissance 사에서 개발한 영어 리딩 레벨 지수
- 도서의 난이도를 수치화
- 문장 평균 길이, 어휘 수준, 단어 수를 종합 평가
- AR x.x ⇒ 미국 x학년 x개월 평균 독서 수준

  AR 3.5 ⇒ 미국 3학년 5개월 학생 평균 리딩 레벨

초등학교 3~4학년 영어 학습 방법

초등학교 3~4학년은 영어 학습이 1순위가 되는 시기입니다. 영어에 대한 노출 시간을 최대한 확보하기 위해 예체능 수업을 줄여 영어 학습에 집중하는 것이 좋습니다. 이렇게 하지 않으면 초등학교 5학년 이후 수학과 영어를 동시에 집중해야 하는 상황이 오며, 이때 영어 학습에 충분한 시간을 할애하기 어려워집니다. 다행히 이 시기에는 수학을 과도하게 하지 않아도 되므로 영어 실력을 최대한 끌어올리는 데 집중하는 것이 유리합니다.

영어 듣기는 하루 20분 정도를 꾸준히 진행하는 것이 좋습니다. 듣기 훈련 자체도 중요하고, 읽기 학습의 사전 훈련으로서의 의미도 있기 때문입니다. 아이가 이미 들어본 단어나 표현은 읽기 시 의미 추론에 도움이 됩니다. 듣기 자료로는 만화뿐만 아니라 아이의 수준과 관심에 맞는 시트콤, 시리즈 영화, 단편 영화도 좋습니다. 예를 들어 유튜브에서 '미국 드라마 풀하우스'를 검색하면 아이들이 재미있게 볼 수 있는 1980년대의 코믹하면서 감동적인 드라마를 찾을 수 있습니다. 아이가 흥미를 느낀다면, 매일 20분긴 재미있는 드라마를 보며 자연스럽게 듣기 연습을 하게 됩니다.

'읽어주기'와 '혼자읽기'는 양이 중요한 시기입니다. 영어 읽기 시간을 최대한 확보해야 하며, 하루 1시간 30분에서 2시간 이상 진행하는 것이 이상적입니다. 이때 중요한 것은 단계적 상승보다 탄탄한 기초를 쌓는 것입니다. 시간을 확보해 충분한 양의 읽기를 통해 기초를 다지면서도 무리하지 않게 다음 단계로 넘어가야 합니다. 또한 책은 문학 분야가 좋습니다. 한글 책에서 문학책이 비교적 쉽게 다가오는 것처럼, 영어 읽기에서는 더더욱 문학책이 편안하게 느껴질 수 있습니다. 책의 종류보다 중요한 것은 노출 시간입니다. 꼭 특정 책이 아닌 아이가 부담 없이 읽을 수 있는 책이 좋은 책입니다.

읽기는 반드시 책만으로 해야 하는 것은 아닙니다. 잡지나 교재 등 영어 텍스트가 포함된 것이면 모두 도움이 됩니다. 하지만 문학책은 텍스트 자체가 흥미롭기 때문에 아이가 자연스럽게 읽기에 몰입할 수 있습니다. 읽기 능력은 양을 통해 길러지기 때문에, 아이가 부담 없이 읽을 수 있는 환경을 만들어주는 것이 중요합니다. 아이 입장에서 재미있게 할 수 있는 상황을 조성하며 코칭하면 읽기를 지속할 수 있습니다.

이 시기에는 본격적인 문법 공부가 필요하지 않습니다. 관계대명사, 부정사, 동명사 등은 이 시기 아이들에게 어렵게 느껴지기 쉽습니다. 심리학자 가드너는 "만약 우리가 학교에서 문법을 배우듯 모국어를 배웠다면 모두 반벙어리가 됐을 것이다."라고 말했듯이, 이 시기에는 다양한 영어 문장을 많이 읽으며 자연스럽게 문법을 익히는 것이 좋습니다. 단, 아주 기본적인 문법 개념을 쉽게 다룬 교재가 있다면 가볍게 이해하는 정도로 활용할 수 있으며, 자기 주도 학습보다는 부담 없이 강의를 듣는 방식이 좋습니다.

또한 단어, 숙어, 관용 표현 등을 암기하거나 간단한 영어 문장으로 말하기와 쓰기 연습을 시작해보는 것도 유익합니다. 단, 이 과정에서 영어에 대한 흥미를 잃지 않도록 해야 합니다. 읽기를 통해 자주 접한 숙어나 관용 표현을 정리하고 암기하며, 단어도 처음부터 완벽하게 외우기보다는 반복적으로 익히는 것이 좋습니다. 예를 들어, 'elephant코끼리' 단어를 외울 때 "코끼리 elephant, 코끼리 elephant…"식의 단순 암기보다는 문장을 통해 익히는 것이 효과적입니다. 이렇게 하는 것이 의미, 소리, 글자 간의 관계를 파악하며 암기하는 방식입니다.

예: An elephant has a long nose. (코끼리는 코가 길다.)

소리 내어 읽기는 말하기 연습에 효과적입니다. 아이가 익숙한 텍스트가 좋으며, 예를 들어 여러 번 본 영어 만화의 대사나 자주 읽은 영어 그림책의 텍스트를 소리

내어 읽게 하면 좋습니다. 익숙해진 영어 표현들을 일상생활 속에서 종종 사용해 보도록 유도할 수 있으며, 쓰기 연습도 같은 방식으로 진행합니다. 처음에는 익숙한 텍스트를 따라 쓰기부터 시작해 간단한 일기나 독서록을 영어로 써 보게 하는 것도 좋은 방법입니다. 단, 영어에 부담을 느끼지 않도록 간헐적으로 재미있게 했던 영어 만화나 책을 접했을 때 자연스럽게 진행하는 것이 좋습니다.

초등학교 5~6학년 영어 학습 방법

초등학교 5학년이 되면, 아이에 따라 영어와 수학 중 어느 과목을 우선시할지 결정해야 합니다. 영어가 잘 진행되었다면 영어를 1순위로 계속 유지하고, 반대로 수학이 더 우선적이라면 초등 5학년부터 수학에 중점을 두어야 합니다. 대부분의 경우 수학을 1순위로 두고 영어를 2순위로 조절하는 것이 일반적입니다.

'듣기'는 꾸준히 진행하되, 듣기 방식은 아침 식사 시간에 TV를 보는 것처럼 가볍고 재미있게 할 수 있는 영상을 활용하면 좋습니다. 아이의 관심 분야에 맞는 다큐멘터리나 뉴스, 또는 코미디와 같이 가벼운 주제의 영상을 보는 것도 좋은 선택입니다. 반면, 영어 말하기는 이 시기부터 진행하기 어렵습니다. 수학 학습에 더 많은 시간을 할애해야 하고, 읽기와 문법 학습도 시작해야 하며, 한국사 학습도 필요하기 때문입니다.

'읽기'는 여전히 영어 학습의 핵심입니다. 5학년까지는 읽기 노출 시간을 최대한 유지하되, 6학년이 되면 수학 학습 시간을 늘리면서 영어 읽기 시간을 조절할 필요가 있습니다. 쓰기는 여전히 급하지 않으며, 학교 시험에서도 높은 수준의 쓰기 능력을 요구하지 않습니다. 중학교 영어 내신 관리를 위해서도 쓰기보다는 읽기에 집중하는 것이 더 효율적입니다.

영어 문법 학습은 초등 5학년부터 서서히 시작하는 것이 좋습니다. 만약 아이의 읽기 능력이 아직 충분하지 않다면 6학년 때부터 문법을 시작하는 것이 더 적절할 수 있습니다. 영어 문법은 한 번에 완벽하게 배우려 하기보다는 여러 번 반복 학습하는 것이 좋습니다. 첫 학습 시에는 전체 내용을 가볍게 파악하는 정도로 진행하고, 두 번째 학습에서는 핵심 단어 위주로 암기하며, 세 번째 학습 시에는 더욱 꼼꼼하게 복습하는 방식이 효과적입니다. 또한 영어 문법을 꼭 자기 주도 학습으로 할 필요는 없습니다. 자기 주도 학습으로 진행하면 학습량이 과도해질 수 있으므로, 영어 문법은 인터넷 강의나 사교육을 활용해도 좋습니다.

초등 5~6학년 때 영어 문법 교재 선택의 기준은 "쉽고, 집중해서 들으면 이해되는 교재"입니다. 첫 문법 교재가 지나치게 어렵거나 세부적인 내용을 요구하면, 학습 부담이 커져 학습 의욕을 잃을 수 있기 때문에 초등 단계에서는 이해가 쉽고 부담이 적은 교재로 시작하는 것이 중요합니다. 초등 영어 문법 학습은 중학교 문법을 대비해 3~4권 정도의 교재로 여러 번 반복해서 학습하는 것이 좋으며, 자기 주도보다는 강의를 통해 편하게 듣는 방법이 더 효율적일 수 있습니다.

독해 연습도 5~6학년 때 본격적으로 시작해야 합니다. 영어 학원에서 독해 연습을 하고 있다면 추가로 할 필요는 없지만, 책 위주의 학습을 해온 경우라면 문법 외에도 독해 교재를 별도로 풀어보는 것이 좋습니다. 독서는 주관적인 읽기이지만, 독해는 출제자의 의도에 맞춰 답을 찾는 객관적인 읽기이므로 시험 점수를 높이기 위해 독해 연습이 필요합니다. 2~3회 정도의 레벨 테스트를 통해 아이의 독해 수준을 평가한 후, 그 수준에 맞는 독해 교재를 선택해 꾸준히 연습하게 해야 합니다.

📝 Q&A

Q1 : 영어 애니메이션은 몇 살부터 보는 게 좋을까요?

A1 : 적정 시기는 6세에서 9세입니다. 이 연령대에 아이들이 공감하거나 흥미를 느낄 수 있는 만화의 선택 폭이 넓고, 언어 학습을 담당하는 측두엽이 본격적으로 발달하기 시작하는 시기이기도 합니다. 영어 듣기는 총 300시간 정도의 꾸준한 노출이 필요한데, 6~9세에 해당하는 다양한 만화 시리즈가 이 시간을 채우는 데 효과적입니다. 1일 20~30분씩 꾸준히 들어야 효과를 볼 수 있으며, 약 1년 반에서 2년 정도는 꾸준히 듣기를 진행해야 합니다.

Q2 : 내 아이의 영어 실력은 어떻게 확인할 수 있나요?

A2 : 첫 번째 방법은 독해 수준으로 확인하는 것입니다. 예를 들어, 초등 6학년 학생이 중학교 2학년 영어 독해 문제를 잘 풀 수 있다면 중2 수준의 독해 실력을 갖춘 것으로 볼 수 있습니다. 두 번째 방법은 사교육 기관의 영어 레벨 테스트를 활용하는 것입니다. 레벨 테스트는 학원 등록을 목적으로 할 수도 있지만, 아이의 대략적인 영어 수준을 파악하는 데는 유용합니다. 초등 3~6학년 시기에는 1년에 1~2회 정도 레벨 테스트를 받아보는 것도 좋은 방법입니다.

행공신 0.1% 초등 국어

PART 06

| 독서와 국어는 무조건 같이 해라

어느 나라에서든 국어를 잘 한다는 것은 모국어로 듣기·말하기·읽기·쓰기를 잘 수행하는 것을 의미합니다. 흔히 "책을 많이 읽은 아이들이 말을 잘한다." 혹은 "책을 많이 읽은 아이들이 글을 잘 쓴다."라는 말을 듣게 됩니다. 이는 책을 많이 읽으면 자연스럽게 말하기와 쓰기 능력이 함께 발전하게 된다는 뜻입니다. 또한 책을 많이 읽다 보면 읽기 능력 또한 향상됩니다. 즉, 책 읽기를 통해 국어의 네 가지 영역인 듣기·말하기·읽기·쓰기 중 말하기·읽기·쓰기에서 큰 성장을 기대할 수 있는 것입니다. 그래서 "가장 효율적인 국어 공부법은 독서다." 혹은 "독서를 잘하면 국어의 절반을 잡는다."라는 말이 나오는 것입니다.

특히 기초 학습 단계에 해당하는 초등학교 시기에는 국어 학습에서 독서가 차지하는 비중이 매우 큽니다. 그래서 중·고등학교 국어 선생님이나 논술 선생님에게 "초등 시기 국어 공부는 어떻게 해야 하나요?"라고 물어보면 "책을 많이 읽게 하세요."라고 권합니다. 다만 "독서를 잘하면 국어도 잘하게 된다."가 아니라 "독서를 잘하면 국어의 절반을 잡는다."라고 표현하는 이유는, 나머지 절반은 별도의 국어 공부로 채워야 하기 때문입니다. 종종 "책을 많이 읽는 아인데도 국어 점수가 낮아요."라는 말을 듣기도 하는데, 이는 책 읽기로 채우지 못한 나머지 절반의 국어 공부가 부족한 경우입니다.

책을 많이 읽는 아이들이 국어 시험에서 흔히 겪는 어려움도 있습니다. 특히 초등학교 1~3학년 때는 독해 문제를 풀 때 자기 생각과 일치하는 선택지를 답이라고 생각하는 경우가 많습니다. 그래서 "엄마, 이게 왜 답이야? 나처럼 생각할 수도 있잖아! 내 생각이 왜 틀린 거야?"라며 불만을 제기하거나 화를 내기도 합니다.

이때는 아이를 억지로 설득하기보다는 기다리는 편이 좋습니다. 보통 초등학교 5~6학년쯤 되면 문학 독해에서 주관적 관점이 아닌 객관적 관점으로 접근하는 방법을 이해하기 시작하기 때문입니다. 즉, 국어 독해 문제를 제대로 풀기 위해서는 "국어 시험 문제는 내 생각을 찾는 것이 아니라 문제를 낸 선생님이 의도한 답을 찾는 것"이라는 인식을 가질 수 있어야 합니다.

결론적으로, 국어와 독서는 본질적으로 깊이 연결되어 있어 특히 초등학교 시기에는 국어 공부에서 독서를 빼놓고 이야기할 수 없습니다. 물론 독서는 국어 학습 이외에도 여러 가지 면에서 중요하지만, 이 책에서는 국어 공부에 도움이 되는 측면에서 독서에 대해 다루고자 합니다. 독서 자체만으로도 광범위한 주제이기에, "본질적으로 독서를 잘 하려면 언제 어떤 책을 어떻게 읽어야 하는가?"에 대해서는 구체적으로 언급하지 않았습니다.

2 국어 1등급 비밀 코드, 문해력

본질적으로 국어를 잘한다는 것은 듣기·말하기·읽기·쓰기를 모두 잘하는 것을 의미합니다. 우리말을 잘 알아듣고, 우리말로 말하며, 우리글을 읽고, 우리글로 잘 쓰는 것이죠. 그래서 예전에는 초등학교 국어 교과서를 듣기·말하기·읽기·쓰기 교과서로 구분하기도 했습니다. 학습의 순서는 듣기 ⇒ 말하기 ⇒ 읽기 ⇒ 쓰기 순으로 진행하는 것이 좋습니다.

실제 아이들의 모국어 습득 과정을 보면, 보통 듣기부터 시작합니다. 신생아가 듣기와 말하기를 모두 하는 것은 아니죠. 태어나면서 듣기를 시작해 어느 순간 단어 하나를 발음하게 됩니다. 주로 '엄마' 또는 '맘마'처럼 간단한 단어로 시작하여,

점차 말하기 능력이 발달합니다. 그다음 읽기 능력을 배우고, 마지막으로 쓰기 능력을 익히게 됩니다. 물론 국어 능력 발달 순서는 아이에 따라 다를 수 있지만, 일반적으로 듣기가 되어야 말하기가 가능해지고, 읽기가 되어야 쓰기도 가능해집니다. 특히 쓰기는 읽기 능력이 충분히 뒷받침될 때 잘할 수 있는 영역입니다. 반대로 읽기가 되지 않으면 쓰기도 잘할 수 없습니다.

공부의 측면에서 우리나라 국어 교육의 현실을 살펴보는 것도 중요합니다. 좋은 대학 진학을 목표로 할 때, 듣기, 말하기, 읽기, 쓰기 시험이 언제, 어느 정도의 난이도로 출제되는지를 살펴봐야 합니다. 2028년 대입 개편안을 기준으로 고등학교 내신 중간·기말 고사 및 수행평가과 수능 시험에서 좋은 성적을 받는 것이 우선이므로, 이 두 시험을 중심으로 판단해야 합니다.

우선 듣기 영역의 경우, 고등학교 내신과 수능 시험 모두에서 듣기 문제는 출제되지 않습니다. 몇 년 전에는 수능 국어 시험에 듣기 문제가 있었지만, 현재는 제외되었습니다. 말하기 역시 내신 수행평가에 다소 영향을 미칠 수 있지만, 중간·기말 고사나 수능 시험에 출제되지는 않습니다.

반면 읽기 독해는 성적에 절대적인 영향을 미칩니다. 중간·기말 고사와 수능 시험에서 모두 독해 문제가 성적에 큰 영향을 미치기 때문입니다. 쓰기는 중간·기말 고사에서 서술형 주관식 문제로, 수행평가에서 쓰기 과제로 출제됩니다. 수행평가를 충실히 시행하는 학교에서는 서술형 주관식 문제보다 수행평가 쓰기의 난이도가 더 높은 편입니다. 다만, 수능 국어에서는 쓰기 문제가 출제되지 않으며, 수행평가 쓰기 또한 예전 대입 논술보다는 난이도가 낮습니다. 그럼에도 불구하고, 쓰기는 성적에 적지 않은 영향을 끼칩니다. 국어 문법은 고등학교 시기에 주로 학습하므로, 여기에서는 다루지 않았습니다.

구분	고등학교 내신	대입 수능
듣기	출제되지 않음	출제되지 않음
말하기	출제되지 않음	출제되지 않음
읽기	비중이 매우 큼	비중이 매우 큼
쓰기	서술형 주관식, 수행평가 쓰기. 비중이 작지 않음	출제되지 않음

따라서 듣기와 말하기보다는 읽기와 쓰기가 더 중요합니다. 특히 읽기가 되어야 쓰기도 가능해지므로, 우선 읽기 능력을 기르는 데 집중해야 합니다. 또한, 초등학교 단계에서는 국어 문법을 깊게 공부할 필요는 없습니다.

다만, 교육 제도는 수시로 변한다는 점을 염두에 두어야 합니다. 예를 들어 과거 수능 시험으로만 대학에 진학할 수 있었을 때는 쓰기의 중요성이 낮았습니다. 반면, 대학 입시에 논술이 중요했던 시기에는 논술 능력이 필요했죠. 미래에 프랑스의 바칼로레아처럼 논술과 주관식 문제만으로 시험이 치러진다면, 우선순위가 또 달라질 수 있습니다. 따라서 자녀가 어릴지라도, 부모는 대학입시 제도와 초·중·고 전체의 큰 그림을 지속적으로 파악할 필요가 있습니다.

3 국어 공부 SKY 로드맵

5세~7세 독서 진행 방법

5세~7세 시기에는 옆집 아이와 비교하기보다 내 아이에게 더 집중해야 합니다. 옆집 아이가 읽는 책이나 활용하는 한글 프로그램은 참고만 하며, 내 아이의 현재 국어 능력을 기준으로 판단하고 결정해야 합니다. 이 시기는 학습 경험보다는 타고난 능력이 더 큰 영향을 미치기 때문입니다.

이 시기에 국어에서 가장 중요한 것은 듣기 능력과 읽기 능력을 기르는 것입니다. 이를 위한 가장 효과적인 방법이 바로 독서입니다. 열심히 책을 읽어 주어 듣기 능력을 길러 주고, 점차 아이가 스스로 읽어보게 하여 읽기 능력을 기르며, 이 과정을 통해 자연스럽게 독서 습관도 형성하는 것이 이 시기 국어 교육의 최우선 과제입니다. 듣기 능력을 기르려면 많은 소리를 들어야 하는데, 일상적인 대화보다 책이 훨씬 다양한 정보를 제공합니다. 문학책창작 그림책을 읽어주면 문학 텍스트 듣기 훈련이 되고, 비문학사회, 과학 등 책을 읽어주면 비문학 텍스트 듣기 훈련이 됩니다. 이처럼 듣기와 읽기 능력, 독서 습관을 기르는 노력은 9세~10세초등 2~3학년까지도 지속해야 합니다.

이 시기에는 국어의 주요 목표인 '듣기 능력, 읽기 능력, 독서 습관 기르기'를 달성하기 위해 '좋은 책을 잘 고르는 것'이 중요합니다. 이때 좋은 책이란 특정 책이 아니라, 내 아이에게 맞는 책을 뜻합니다. 예를 들어, 옆집 아이에게 좋았던 책이라도 내 아이에게는 맞지 않을 수 있고, 비싼 전집보다 저렴한 전집이 더 적합할 수도 있습니다. 따라서 책을 읽어주며 내 아이의 현재 읽기 능력, 관심 분야,

성향 등을 파악하는 것이 첫 번째이고, 이를 바탕으로 적합한 책을 선택하는 것이 두 번째입니다. 전집과 단행본을 골고루 섞어보는 것이 좋으며, 특정 출판사나 고가 전집에만 집착할 필요는 없습니다. 이 시기는 특히 문학에 대한 선호가 높은 시기이므로 문학은 '폭넓고 다양하게', 비문학은 '쉽고 편안하게' 접하는 것이 좋습니다.

또한 7세는 초등학교 입학 전 단계로, 6세 때까지와는 달리 읽기 독립을 준비해야 합니다. 이를 위해 한글 깨치기 과정도 필요합니다. 초등학교 1학년 1학기 국어 시간에 한글 교육이 이뤄지지만, 읽기 독립은 한 학기 수업만으로 완성되지 않기 때문입니다. 따라서 7세에 어느 정도 준비를 마친 후 초등학교에 입학하는 것이 좋습니다.

읽기 독립 준비 과정으로 우선 '한글 깨치기'를 해야 합니다. 여기서 '한글 깨치기'란 훈민정음의 원리를 이해하는 것을 의미하며, 이는 곧바로 읽기 독립을 의미하지는 않습니다. 예를 들어, 'ㄱ'에 'ㅣ'를 붙여 '기'로 읽고, 'ㅊ'에 'ㅏ'를 붙여 '차'로 읽으며, '기'와 '차'를 이어서 '기차'로 읽는 원리를 이해하는 과정입니다. 이 원리를 통해 정확히 읽을 수 있게 되더라도, 그것만으로는 읽기 독립이 이루어졌다고 볼 수 없습니다. 읽기 독립이란 소리를 내는 것과 관계없이 스스로 읽으며 의미를 파악할 수 있는 것을 뜻합니다. 자기 나이에 맞는 책을 소리 내어 읽으면서도 내용 파악이 되지 않는다면, 아직 읽기 독립 단계에 이르지 않은 것입니다.

가능하다면 7세 전에 읽기 독립을 이루는 것이 더 좋습니다. 그러면 학습 능력을 좀 더 빠르게 끌어올릴 수 있습니다. 하지만 중요한 것은 '하면 좋다'가 아니라 '할 수 있느냐'입니다. 어쨌든 7세 때에는 어느 정도 읽기 독립 연습을 해야 합니다. 이때 '어느 정도'란 7세용 책 중 글 양이 많지 않고 내용이 어렵지 않은 책을 혼자 읽고 의미 파악까지 할 수 있는 정도를 뜻합니다.

듣기 능력과 읽기 능력을 기르고 독서 습관을 들이는 것은 국어 영역의 목표일 뿐만 아니라 이 시기 전체에서도 가장 중요한 목표입니다. 이 목표를 잘 달성하면 다음 해인 8세초등학교 1학년 때 국어의 80%, 수학의 30%, 통합 교과의 70% 정도를 해결할 수 있습니다. 반대로 이 목표를 제대로 달성하지 못하면 국어에 전반적인 문제가 발생하고, 수학에서는 문장제 문제와 서술형 주관식 문제에서 어려움을 겪으며, 통합 교과 학습에서도 소기의 성과를 얻기 어려워집니다. 초등학교 3학년 즈음인 1차 좌절기에 좌절할 가능성도 높아집니다. 따라서 이 시기에는 독서를 통해 듣기 능력, 읽기 능력문해력, 독서 습관을 기르는 것이 무엇보다 중요하며, 영어, 수학, 한자 등의 공부는 부차적인 목표로 삼는 것이 좋습니다.

이 시기의 독서량은 하루 평균 3권 정도가 적당합니다. 하루 3권이면 1년간 약 1,100권, 초등학교 입학 전까지 약 3,000권의 책을 접하게 됩니다. 이는 결코 적은 분량이 아닙니다. 다만, 한 권 한 권이 재미있고 흥미로운 책이어야 읽기 독립으로 부드럽게 넘어갈 수 있습니다. 읽기 독립은 반드시 해야 할 과제이지만 쉽지 않기 때문에, 이 시기 독서에는 세심한 배려가 필요합니다.

또한 7세에는 다독하는 것이 좋으며, 문학보다는 비문학 책을 더 많이 읽히는 것이 좋습니다. 국어 공부 측면에서 비문학 독해가 문학 독해보다 난이도가 높고, 비문학 독서는 국어뿐만 아니라 사회, 과학, 역사 영역 학습의 기초를 마련해 주는 효과가 있기 때문입니다. 따라서 7세부터는 비문학 독서 비중을 높여 자연과 과학부터 사회, 문화, 인물, 역사, 철학 등 주요 비문학 영역 책들을 다양하게 보여주는 것이 좋습니다.

초등학교 1~2학년 독서와 국어 진행 방법

초등학교 1학년이 되면 가장 먼저 '현재 아이의 읽기 능력과 읽기 독립이 어느 정도 이루어졌는지'를 확인하는 것이 중요합니다. 5세~7세 시기에 한글 읽기 능력을 기르는 것이 가장 우선이었다면, 초등학교 1학년에서는 '한글 읽기 능력 기르기와 읽기 독립을 최대한 빨리 이루기'가 1순위입니다.

이 시기에도 독서가 가장 중요하며 꾸준히 책을 읽어주는 것이 필요합니다. 하지만 5세~7세 시기와 달라지는 점이 몇 가지 있습니다. 5세~7세가 '많이 읽어주기'의 시기였다면, 초등 1~2학년은 아이가 혼자 읽는 시간을 점차 늘려야 하는 시기입니다. 읽기는 최종적으로 '혼자 읽기'가 목표이므로, 5세~6세가 읽기 독립을 위한 기초 단계였다면 초등학교 1~2학년은 읽기 독립의 중요한 시기라고 할 수 있습니다. 7세는 그 중간 시기에 해당하며, 이때는 읽어주기와 혼자 읽기를 병행해야 합니다. 읽어주기와 혼자 읽기의 비율은 아이의 수준에 따라 다르게 조정합니다.

중요한 점은 읽기 독립이 매우 어렵다는 사실을 부모가 깊이 이해하는 것입니다. 초등 1학년 아이가 2학년 수준의 책을 무리 없이 읽는 것은 매우 드문 경우이며, 1학년 책을 잘 읽는 것만으로도 읽기 능력이 좋은 편에 속합니다. 실제로 미국 초등학교 1학년의 약 30%, 우리나라 초등학교 1학년의 약 40%가 자신의 학년 수준의 읽기 능력을 갖추지 못한 상태라는 자료가 있을 정도로 읽기 독립은 쉽지 않은 일입니다.

초·중·고 학생들 중 국어 시험에서 독해 문제를 잘 푸는 학생은 많지 않습니다. 이는 국어 시험의 독해 문제에서 제시된 텍스트가 학년 수준에 맞추어져 있음에도, 많은 학생이 자기 학년 수준의 읽기 능력을 갖추지 못했기 때문입니다. 읽기 능력은 단기간에 길러지지 않으며, 충분한 연습과 별도의 노력이 필요한 능력입니다. 그러나 많은 아이들이 충분히 연습하지 못하고, 읽기 능력의 중요성과 그 어려움을 제대로 파악하고 있는 부모도 적은 실정입니다. 그 결과, 초등학교 3학년에 접어들며 첫 번째 학습 좌절기를 경험하는 아이들이 절반가량에 이릅니다.

다시 한번 강조하지만, 학습에서 가장 중요한 능력은 '읽기 능력문해력'입니다. 5세부터 초등 2학년까지는 읽기 능력에 집중해야 합니다. 부모는 먼저 읽기 능력의 중요성과 어려움을 정확히 이해하고, 초등 2학년까지 독서를 최우선 과제로 삼으며 '내 아이의 읽기 독립'에 전력을 기울여야 합니다.

읽기 독립 독서의 핵심 포인트

- 읽어주기와 혼자 읽기를 병행해야 합니다.
- 혼자 읽기는 쉬운 책으로 시작해야 합니다.
- 7세부터는 비문학(사회, 과학 등의 설명문) 비중을 높여야 합니다.
- 초등학교 1학년 즈음 문고판으로 글 양 늘리기에 도전해 보세요.
- 초등 2학년 때는 독서량이 중요합니다. 이 시기는 많은 책을 읽을 수 있는 마지막 시기이기도 하며, 초등 3학년에 대비해 사회, 과학 책 읽기가 중요합니다.
- **7세~초등 2학년에 추천하는 책**: 우리 창작(문학), 아시아 창작(문학), 세계 창작(문학), 리더십, 사회성, 개념수학, 자연 관찰, 원리 과학, 사회 동화, 우리 문화(쉬운 책), 세계 문화(쉬운 책), 유사 사기, 위인 이야기(쉬운 인물), 생활 문화사(쉬운 책), 정치사(아주 쉬운 책)

초등 1학년이 되면, 쓰기보다 말하기가 더 중요합니다. 초등학교 입학 후 쓰기는 받아쓰기, 독서록, 일기 쓰기, 서술형 주관식 문제 등 여러 형식으로 자주 등장합니다. 그래서 쓰기 연습이 더 필요하다고 생각할 수 있지만, 쓰기보다 말하기를 우선해야 합니다. 듣기·말하기·읽기·쓰기 중 Input입력에 해당하는 것은 듣기와 읽기이며, Output출력에 해당하는 것은 말하기와 쓰기입니다. 그리고 Output에 속한 말하기와 쓰기 중, 말하기가 더 쉽습니다. 즉, 쓰기보다 쉬운 Output부터 시작해야 합니다. 또한, 말하기를 잘해야 쓰기도 잘할 수 있습니다.

쓰기는 읽기 독립보다 훨씬 어려운 활동입니다. 초등 1~2학년은 읽기 독립을 성공하기에도 충분히 바쁜 시기이므로, Input 활동듣기와 읽기을 충분히 한 후, 말하기 연습을 통해 Output의 기초를 닦아야 합니다. 그런데 받아쓰기, 독서록, 일기 쓰기, 서술형 주관식 쓰기 등의 이유만으로 본질적으로 어려운 쓰기 훈련에 바로 들어가는 경우가 많습니다. 이로 인해 대다수 아이가 서술형 주관식 문제를 어려워하고, 학습과 쓰기에 대해 부정적인 태도를 가지게 되는 경우가 많습니다.

말하기 연습의 중요성은 이스라엘의 하브루타 교육법에서도 알 수 있습니다. 하브루타 교육은 두 사람이 짝을 지어 서로 질문하고 토론하는 방식으로, 교사는 코치 역할만 하며 답을 알려주지 않습니다. 하브루타 교육법의 핵심은 쓰기보다는 말하기이며, 이 교육 방식은 이스라엘의 수평적인 기업 문화로도 이어집니다. 우리나라도 초·중·고 교과에서 서술형 주관식과 수행평가가 중요해짐에 따라, 말하기 연습이 필수적인 이유가 되었습니다. 이 말하기 연습을 시작하기 좋은 시기가 초등학교 1~2학년입니다.

이 시기 말하기 연습은 두 가지로 구성됩니다. 첫째는 독후 활동을 통한 말하기 연습이고, 둘째는 수학 서술형 주관식 문제 풀이 과정에서 말하기 연습입니다. 이때 질문이나 문제는 쉬운 것부터 시작하여 점차 난이도를 높여가는 것이 중요합니다. 독후 활동 말하기는 세 가지 질문 유형으로 구성됩니다.

중요한 것은 '정답을 맞히는 것이 아니라 생각해 보고 표현하는 연습'을 하는 것입니다. 말하기 연습 초기 단계에서는 인과 관계 질문을 했을 때, 원인이나 결과가 정확히 떠오르지 않으면 책을 다시 보며 정답을 찾아내고, 그것을 자신의 말로 표현해 보는 연습을 하는 것도 좋은 방법입니다.

초등학교 1학년부터 국어 과목이 시작되며, 서술형 주관식 문제도 출제될 수 있습니다. 하지만 이 시기의 아이들은 아직 쓰기 자체가 익숙하지 않은 상태입니다. 연필을 잡을 때에도 손에 힘이 많이 들어가고, 글자 하나하나를 쓰는 것 자체도 쉽지 않습니다. 맞춤법과 글자 쓰기 순서까지 신경 써야 하죠. 따라서 이 시기에 문제 해결 과정을 논리적으로 서술하거나 긴 문장을 정확히 쓰는 것은 대부분의 아이들에게 매우 어려운 일입니다.

그렇기 때문에 초등학교 1~2학년 때는 문제 해결 과정을 바로 쓰게 하기보다는 말로 설명하도록 하는 것이 좋습니다. 충분히 말로 표현해보는 경험을 쌓으면 이후 풀이 과정을 쓰는 데에도 큰 도움이 됩니다.

초등학교 저학년에 글쓰기를 잘하는 아이들의 특징

1. **언어 지능이 높은 아이들** : 8가지 다중지능 중 '언어 지능'이 높은 아이들이 글쓰기에 유리합니다.

2. **책을 많이 접한 아이들**: 책에는 완성도 높은 문장이 들어 있어, 이러한 문장을 많이 접한 아이들은 자연스럽게 표현력과 문장력이 향상됩니다. 또한 배경지식도 풍부해집니다.

3. **말하기 경험이 많은 아이들**: 말하기와 쓰기는 모두 Output(출력)에 속합니다. 따라서 자주 말해본 아이들은 자신의 생각을 글로 표현하는 데도 수월합니다.

4. **표현에 적극적인 아이들**: 표현하는 것을 좋아하는 아이들은 글쓰기를 즐기는 경우가 많습니다. 대체로 여학생들이 남학생보다 표현하기를 좋아하는 경향이 있습니다.

이 네 가지 조건을 모두 갖춘 아이들은 어린 나이에도 글을 잘 쓰는 경우가 많습니다. 하지만 이러한 아이들은 소수입니다. 초등학교 때 아이의 성적이 곧 대학 진학과 연결되는 것은 아니므로 지금은 급하지 않습니다. 다만 초등학교 때 쓰기를 못하면 나중에도 어려움을 겪게 되는데, 특히 초등 고학년 시기에 그 차이가 벌어집니다. 따라서 초등 1~2학년 때는 먼저 아이의 수준을 정확히 진단하고, 그에 맞춰 말하기와 쓰기 연습의 비중과 난이도, 방법을 조절해야 합니다.

쓰기 목표는 '서술형 주관식 문제를 잘 쓰는 것'으로 삼고, 이를 위해 독후 활동을 통한 말하기 연습과 수학 서술형 주관식 문제 풀이 과정 말하기 연습을 병행하는 것이 이 시기 국어 학습의 주요 과제입니다. 말하기 연습은 충분한 Input 읽기, 듣기이 쌓여야 가능하므로, 아이가 아직 준비가 부족하다면 무리하게 진행하지 않는 것이 좋습니다.

이 시기는 1세~12세 초등 5학년 시기 중 가장 많은 책을 읽어야 할 때입니다. 영어와 수학이 아직 공부의 중심이 아니고, 사회와 과학도 본격적으로 시작되지 않았기 때문에 국어 독서에 집중하기 좋은 시기입니다. 권장 독서량은 하루 평균 3권 이상이며, 이는 읽어준 책과 아이가 혼자 읽은 책을 모두 포함한 개수입니다.

독후 활동 말하기는 양보다 아이가 부담 없이 즐길 수 있는 정도가 중요합니다. 그날 읽은 책 중 아이가 가장 관심을 보인 책을 골라 2~3가지 질문을 통해 가볍게 이야기해 보는 방식으로 시작할 수 있습니다. 매일 할 필요는 없고, 점차 익숙해지도록 해주는 것이 좋습니다.

초등학교 1~2학년 시기에는 국어 문제집이나 학습지를 활용해 아이의 읽기 능력을 객관적으로 평가하는 것도 도움이 됩니다. 하지만 매일 혹은 2~3일에 한 번씩 문제집을 풀게 하는 것은 아이에 따라 신중히 접근해야 합니다. 일주일에 1회 정도, 30~40분 동안 아이가 크게 부담스러워하지 않는 선에서 진행해보세요. 다만, 독서량이 많고 학교 국어 단원평가 성적이 우수한데도 문제집 풀이를 싫어한다면 굳이 서두를 필요는 없습니다.

초등학교 3~4학년 독서와 국어 진행 방법

초등학교 3~4학년 시기에 1순위 과목은 국어가 아니라 영어입니다. 따라서 영어 노출 시간이 하루 학습 시간 중 가장 많아야 하고, 국어독서 포함는 수학 다음으로 3순위에 해당합니다. 이 시기 국어 공부는 여전히 문제 풀이보다는 독서 위주로 진행하는 것이 효과적입니다.

국어에서 우선순위를 정해보면, 1순위는 여전히 읽기 능력문해력 기르기입니다. 초등학교 2학년까지가 읽기 능력을 잡아가는 시기라면, 초등학교 3~4학년은 읽기 능력을 한 단계 업그레이드하는 시기입니다. 이 시기에는 특히 비문학 책의 비중을 늘려 비문학 읽기 능력을 탄탄히 다지는 것이 중요합니다. 학습만화를 적절히 활용하는 것도 괜찮지만, 학습만화만 지나치게 읽으면 부작용이 있을 수 있으니 주의해야 합니다.

초등학교 3~4학년 때 읽으면 좋은 책

- **우리문학, 세계문학** : 이 시기에는 책의 양보다 '재미있는 문학책 읽기'가 더 중요합니다. 아이가 한 권을 읽더라도 책에 몰입할 수 있는 재미있는 책을 고르는 것이 좋습니다. 환타지보다는 창작문학, 우리문학, 세계명작 중에서 아이가 흥미를 느끼는 책을 선택하는 것이 더 유익하며, 스토리가 탄탄한 공인된 판타지(예 : 해리포터 시리즈)는 괜찮습니다.

- **철학** : 초등학교 중학년부터는 철학책을 꾸준히 읽는 것이 좋습니다. 이 시기 철학책은 쉬운 그림책 형태라도 괜찮습니다. 예를 들어, '행복한 청소부'와 같은 책이 적합합니다. 철학을 읽는 것은 아이의 가치관 형성에 도움이 되며, 가치관은 이후 수시 전형 면접에서 중요한 근거가 되기도 합니다. 근본적으로 삶의 기준이기 때문에 어떤 측면에서는 국·영·수보다 더 중요하다고 볼 수 있습니다.

- **개념수학** : 문학이나 철학이 필수적인 책이라면, 개념수학 책은 '보면 좋은 책'에 해당합니다. 수학 개념을 쉽게 풀어주는 책이나 수학적 사고를 넓혀주는 책으로, 아이의 수학 이해도를 돕는 보조 학습 자료로 활용할 수 있습니다.

- **원리과학, 사회탐구** : 비문학 읽기 능력 훈련을 위해서는 과학과 사회 영역의 책을 보는 것이 좋습니다. 과학은 물리학, 화학, 생명과학, 지구과학 등 다양한 분야의 책을 골고루 읽는 것이 좋고, 더 중요한 것은 어느 영역이든 과학책을 읽는 것입니다. 따라서 아이가 선호하는 영역부터 읽게 하는 것이 좋고, 과학학습만화를 읽도록 하는 것도 괜찮은 선택입니다. 사회책은 아이가 쉽게 느낄 수 있는 난이도의 책을 선택하는 것이 중요합니다. 물론 사회책을 선호하는 아이라면 난이도를 높여도 괜찮지만 일반적으로는 과학보다 사회가 더 어렵기 때문에 내 아이가 편하게 볼 수 있는 사회책을 선택하는 것이 중요합니다.

- **한국사와 중국사** : 한국사와 중국사 책은 국어 비문학 읽기 능력 훈련용으로 좋으며, 한국사 과목을 대비하기에도 적합합니다. 이 시기에는 통사보다는 인물 위주의 위인전, 생활문화사, 과학사 같은 책이 더 효과적입니다. 역사책을 읽을 때 만화책을 활용하는 것도 좋습니다.

위의 책들을 모두 읽으면 좋지만, 현실적으로 모든 영역의 책을 다 읽는 경우는 드뭅니다. 따라서 아이의 흥미와 관심이 있는 분야부터 시작해 점차 다른 분야로 확장하는 것이 좋습니다. 특히 4학년 때는 한국사 책을 많이 읽도록 하고, 무엇보다 '책을 꾸준히 읽는 것'과 '비문학 책을 꾸준히 읽는 것'이 중요합니다. 이를 통해 읽기 능력특히 비문학 읽기 능력을 탄탄하게 기르고, 다양한 주제에 대한 이해를 넓히는 것이 목표입니다.

이 시기에는 국어 문제집을 활용할 때 몇 가지를 점검하는 것이 좋습니다.

1. **아이의 국어 문제 해결력 진단** : 학교에서 국어 시험을 본다면 그 점수를 참고하고, 시험을 보지 않는다면 문제집을 풀어보면서 아이의 실력을 평가해 봅니다. 문제를 잘 풀면 문제 풀기는 일주일에 1~2회 정도로 충분하고, 그 외 시간은 독서에 집중하는 것이 좋습니다. 반면, 성적이 좋지 않다면 책 읽기와 병행해 문제를 풀어보는 연습이 필요합니다. 이때는 문제를 많이 푸는 것보다 한 문제 한 문제를 '평가'가 아닌 '연습'으로 생각하며 풀이하는 것이 중요합니다.

2. **독해 문제 연습** : 국어 독해 문제는 암기로 해결할 수 없고, 문제풀이 강의만으로 실력이 늘지 않습니다. 따라서 많은 문제를 풀기보다는 독서를 기본으로 하며 몇 문제라도 제대로 풀어보는 경험을 쌓는 것이 좋습니다.

독서량은 하루에 1~2권, 어렵다면 이틀에 1~2권 정도가 적당합니다. 국어 문제를 어려워하는 아이라면 주 2~3회, 하루 30~40분 정도 국어 문제를 풀어보며 상황에 따라 학습 분량을 조절하는 것이 좋습니다.

이 시기 서술형 문제는 초등 3학년 때는 일부 문제를 말로 설명해 보고, 초등 4학년 때는 일부 문제를 글로 써보는 방식으로 연습하는 것이 좋습니다. 초등

4학년까지는 Output보다는 Input이 더 중요하므로, 풀이 과정 설명 전에 제대로 풀어보는 경험을 많이 쌓는 것이 필요합니다. 서술형 문제 때문에 스트레스를 받는다면, 아직은 기초적인 읽기와 이해 과정에 더 집중하는 것이 좋습니다.

초등학교 5~6학년 독서와 국어 진행 방법

초등학교 5~6학년 시기의 학습 1순위는 영어와 수학입니다. 특히 6학년은 수학이 1순위이며, 국어는 1순위가 아니지만 꾸준히 해야 합니다. 초등 4학년까지는 주로 '독서를 통한 읽기 능력 기르기'에 집중했다면, 초등 5학년부터는 독서의 비중을 줄이고 '독해력 기르기'의 비중을 늘려야 합니다. 독서는 '정답 찾기가 아닌 자유로운 읽기'로, 스스로 보고 싶은 책을 주관적으로 읽는 것입니다. 반면, 독해는 국어 문제집의 독해 문제를 통해 '정답을 찾기 위한 읽기'로, 주어진 텍스트를 분석하여 객관적으로 답을 찾는 훈련입니다.

이 시기에는 책 읽는 시간을 확보하기 어려워지기 때문에 독서의 비중을 줄이고 전략적으로 책을 선택해야 합니다.

이 시기 독서의 1순위는 한국사입니다. 한국사는 초등학교 5~6학년 때 처음 배우며, 분량이 많고 난이도가 높습니다. 따라서 4학년 때 미리 시작해 두면 좋고, 늦어도 5학년 때는 책을 통해 대비하지 않으면 학교 한국사 수업에 어려움을 겪을 수 있습니다. 초등학교 한국사는 중·고등학교 역사 공부의 기초가 되므로, 구석기부터 근현대까지 전 시대를 다루는 통사 책을 2~3종 정도 읽어보는 것이 좋습니다.

통사책을 여러 종류 보는 이유는 한국사의 전체 흐름을 잡기 위함입니다. 예를 들어, 첫 번째 통사 책에서는 시대 순서와 나라 이름을 기억하고, 두 번째 통사 책에서는 나라를 세운 인물과 건국 시 주요 사건을 익히며, 세 번째 통사 책에서는 각 나라의 전성기와 사건을 기억하는 식입니다. 이때 첫 통사 책은 최대한 쉽고 부담 없는 책을 선택하여 읽기에 대한 흥미를 높여야 합니다. 필요에 따라 역사 만화책도 적극 활용하는 것이 좋습니다.

6학년 1학기까지는 한국사 읽기에 집중하고, 이후에는 사회·과학·수학·철학 등 아이가 선호하는 분야의 비문학 책을 읽는 것이 좋습니다. 만약 역사책을 계속 선호한다면 세계사 책으로 확장할 수도 있습니다. 일주일에 1~2권씩 꾸준히 읽는 것이 중요합니다.

아이가 관심을 보인다면, 월간지나 잡지를 통해 비문학 읽기 연습과 함께 최신 정보를 접할 수도 있습니다. 이를 통해 배경지식을 넓히고, 관심 분야의 전문성도 기를 수 있습니다.

독서와는 별도로, 이 시기에는 '독해력 기르기'가 중요합니다. 독해 문제는 문학 독해와 비문학 독해로 나뉘며, 비문학 독해가 상대적으로 더 어려운 편입니다. 문학 독해는 소설책을 읽는 것과 유사한 반면, 비문학 독해는 설명서나 기사 등 다양한 비문학 텍스트를 다뤄야 하므로 제시문 범위가 더 넓고 복잡합니다. 비문학 독해의 핵심은 '주제 찾기'이며, 주제 찾기는 공식화된 방법이 없기 때문에 연습이 필요합니다. 이를 위해 아이가 국어 문제집이나 학습지를 풀 때 비문학 독해 문제를 얼마나 잘 해결하는지 관찰하는 것이 중요합니다.

비문학 독해에서 주제를 찾는 일반적인 방법으로는 중요한 어휘나 문장을 표시한 후 전체 제시문을 보고 주제 문장을 찾는 연습을 하는 것입니다. 이를 염두에 두고 온라인 강의나 국어 학원을 활용하여 비문학 독해 강의를 들어보는 것도 좋은 방법입니다.

- 초등 5학년 ~ 6학년 1학기 : 한국사 독서에 집중
- 국어 문제집 활용 : 비문학 독해 연습하기
- 초등 6학년 2학기부터 : 비문학 독서를 일주일에 1~2권씩 꾸준히

국어 문제집 학습량은 아이의 수준에 따라 다릅니다. 국어는 문제풀이 양보다 실제 독해력과 이해력에 중점을 두어야 하므로, 3~4학년 때 독해 문제를 잘 풀었던 아이라면 주 1회 정도 문제집을 풀어보고 학교 시험 전에 보충하는 것으로도 충분할 수 있습니다. 반면, 국어를 어렵게 느끼는 아이라면 인터넷 강의와 문제집을 적극 활용하는 것이 좋습니다. 초등 5학년은 주 1회 이상, 6학년은 주 2회 이상 독해 문제집을 푸는 것이 효과적입니다.

국어 문제집의 난이도는 아이의 이해력에 맞추어 선택합니다. 보통 제시문당 4~6개의 문제가 포함되어 있으며, 이 중 75% 이상 정답을 맞히는 수준이 적당한 난이도입니다. 만약 정답률이 낮다면 학년을 낮춰 쉬운 문제집을, 정답률이 높다면 한 학년 위의 문제집을 시도하는 것이 좋습니다.

초등학교 6학년은 중학교에 대비하는 중요한 시기입니다. 특히 중학교에서 서술형 주관식 문제가 중요해지므로, 이 시기에 서술형 문제 풀이 연습도 시작해야 합니다. 서술형 문제를 쓸 때는 문제 하나마다 충분히 생각해 보고 답을 작성한 후, 해설과 비교하며 요령을 익혀가는 것이 좋습니다. 처음부터 완벽한 답을 쓰기 어렵기 때문에 하나하나 연습하며 적응해 나가는 것이 중요합니다.

Q&A

Q1. 100일 1000권 읽기 같은 것도 해야 하나요?

A1. 100일 1000권 읽기의 장점은 하나입니다. 부모가 독서에 집중할 수 있는 동기가 생긴다는 것이죠. 그리고 가장 중요한 점도 하나 있습니다. 1000권이 모두 아이에게 좋은 책이어야 한다는 것입니다. 이를 위해서는 100일 동안 좋은 책 1000권을 찾아내야 합니다. 따라서 100일 동안 몇 권을 읽을지 결정할 때, 좋은 책을 몇 권이나 찾을 수 있는지를 기준으로 삼는 것이 바람직합니다. 100일 1000권 읽기를 목표로 한다면 매일 10권씩 좋은 책을 찾아내야 합니다. 만약 1000권이라는 숫자를 채우기 위해 형식적인 독서를 한다면 그 시간들은 의미 없는 시간이 될 것입니다.

....

Q2. 국어 문제집이나 학습지만으로도 읽기 능력을 기를 수 있나요? 꼭 독서로 길러야
하나요?

A2. 결론부터 말씀드리면 독서가 가장 좋은 방법입니다. 국어 문제집이나 학습지만으로 읽기 능력을 기르는 것은 극소수의 독특한 아이들만 가능한 일입니다. 내 아이가 독특한 아이일 확률은 매우 낮기 때문에 일단은 확률 높은 쪽을 선택하는 것이 좋은데요, 이유는, 읽기 능력을 제대로 기르기 위해서는 많이 읽어야 하기 때문입니다. 따라서 문제집이나 학습지에 나오는 지문 읽기만으로는 한참 부족합니다. 게다가 문제집이나 학습지 지문 읽기는 대체로 재미가 없습니다. 문제 푸는 것도 재미없고요. 그냥 엄마가 하라니까 할 뿐입니다. 물론 국어 문제집이나 학습지도 잘 활용하면 도움이 될 수 있습니다. 우선 내 아이의 읽기 능력 평가용으로 활용할 수 있고요, 시험 문제 풀기에 익숙해지는 효과도 볼 수 있습니다. 그런데 이 2가지 효과를 위해 굳이 매일 국어 문제를 풀어보게 할 필요는 없죠. 괜히 공부 시간만 많아질 뿐이거든요. 읽기 능력을 기르려면 텍스트를 아주 많이 봐야 합니다. 그런데 아이가 지치지 않고 많은 텍스트를 볼 수 있는 유일한 방법이 독서입니다. 따라서 특히 이 시기에는 독서를 통해 읽기 능력을 기르는 것이 가장 효과적인 방법이며, 국어 문제 풀기는 평가용과 실전 훈련용으로 활용하는 것이 좋습니다.

행공신 0.1% 초등 사회

PART 07

1. 사회, 교과서로 충분

2. 사회 공부 SKY 로드맵

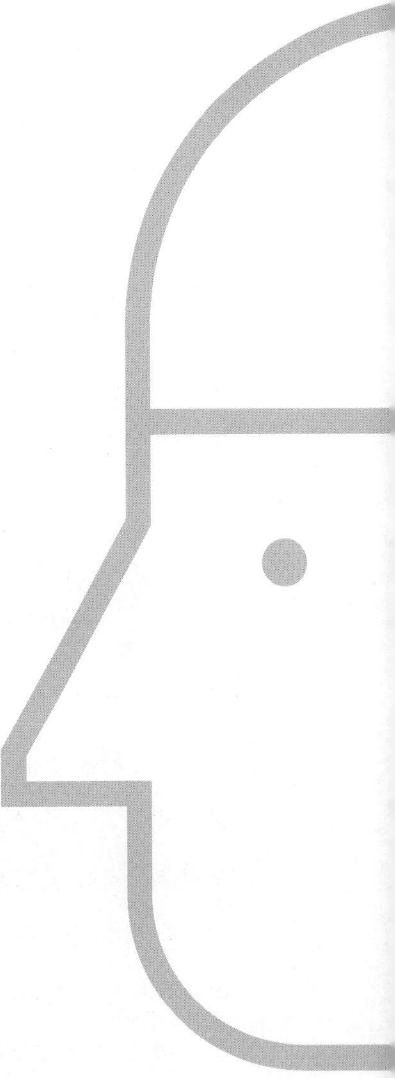

| 사회, 교과서로 충분

사회 과목을 공부하는 가장 근본적인 이유는 내가 살아갈 공간사회을 이해하기 위함입니다. 이 공간에 대한 이해가 중요한 이유는 잘 살기 위해서입니다. 이는 과학을 공부하는 목적과도 마찬가지입니다. 예를 들어 여러 사회 제도 중 법 제도에 대해 잘 알지 못하면 피해를 보거나 심하면 목숨을 잃을 수도 있습니다. 횡단보도 신호등이 빨간색일 때 길을 건너지 말아야 한다는 제도를 모른 채 건넜다가 벌금을 물거나, 심지어 교통사고로 사망할 수도 있죠. 따라서 사회라는 공간에서 잘 살기 위한 출발점은 사회를 잘 이해하는 것이며, 이러한 본질적 관점에서 보았을 때 사회 학습은 단순히 암기하는 것이 아니라 충분히 이해하고, 그 내용을 설명할 수 있어야 합니다. 즉, 법이 무엇인지, 왜 필요한지를 이해하고 설명할 수 있어야 한다는 것입니다.

사회는 본질적으로 '콘텐츠'라고 할 수 있습니다. 이에 비해 국어와 영어는 '수단도구'이라고 할 수 있죠. 즉, 수단인 언어국어, 영어에 담는 콘텐츠 중 하나가 사회입니다. 물론 콘텐츠사회와 수단국어, 영어은 모두 중요합니다. 콘텐츠가 아무리 훌륭해도 수단을 잘 다루지 못하면 나만 아는 콘텐츠가 될 것이고, 반대로 수단만 잘 다뤄도 콘텐츠가 빈약하면 가치를 높이기 어렵습니다. 그런데도 많은 아이들이 언어국어, 영어 학습에 많은 시간과 노력을 들이는 반면, 콘텐츠를 쌓는 데에는 상대적으로 적은 시간과 노력을 투자하는 경향이 있으며, 그나마 들이는 시간과 노력도 단순 암기에 그치는 경우가 많습니다. 사회를 단순 암기 과목으로 여기는 것은 사회의 본질을 제대로 이해하지 못한 것입니다.

사회 학습이 가능한 시기는 5~6세 즈음이지만, 학습할 수 있는 내용은 상당히 제한적입니다. 7세에서 초등학교 2학년 때는 학습 가능한 내용이 조금 더 확장되지만, '사회'라는 과목을 본격적으로 학습할 수 있는 시기는 초등학교 3학년부터입니다. 그 이유는 다음과 같습니다.

- **5~7세** : 사고 대상이 구체적이어야 논리적 사고를 할 수 있는 시기

  → 사회 학습 가능함. 단, 학습 가능한 내용은 매우 제한적임

- **초등학교 1~2학년** : 여전히 사고 대상이 구체적이어야 논리적 사고가 잘 되는 시기

  → 학습 가능 영역이 확장되지만 본격적인 학습은 어려움

- **초등학교 3학년 이후** : 사고 대상이 추상적이어도 논리적 사고가 가능한 시기

  → 본격적인 사회 학습이 가능함. 사회 과목이 본격적으로 시작되며, 고장에서 세계로 확장됨

따라서 5~7세 누리 과정에서는 구체적인 활동 위주로 사회를 접하고, 초등학교 1~2학년 통합교과 내에서도 구체적인 활동 위주로 사회를 배웁니다. 그리고 초등학교 3학년부터는 '사회' 과목이 본격적으로 시작됩니다. 이때 사회는 수학이나 영어와 다른 점이 있습니다.

수학은 보통 6~7세 즈음 학습을 시작합니다. 따라서 유치원과 초등 저학년 때 수학을 어떻게 학습했느냐에 따라 3학년 때부터 실력 차이가 벌어집니다. 영어는 수학보다 더 일찍 시작하기도 하죠. 그래서 영어는 초등학교 2학년만 되어도 실력 차이가 나기 시작합니다. 그런데 사회는 대체로 초등학교 2학년까지는 학습을 하지 않기 때문에 3학년 때는 사회 실력이 비슷할 것 같지만, 의외로 3학년부터 실력 차이가 나기 시작합니다. 즉, 2학년 때까지 사회 학습을 많이 하지 않더라도 그와 관계없이 이 시기까지 사회 영역과 관련된 경험을 얼마나 쌓았느냐에 따라 3학년

사회가 쉬울 수도 있고, 어렵게 느껴질 수도 있습니다. 따라서 5세부터 초등학교 2학년 시기까지는 학습이 아니더라도 사회에 대한 경험을 어느 정도 쌓는 것이 중요합니다.

그렇다면 우리나라 교육 현실에서 사회 과목을 공부할 때 가장 중요한 것은 무엇일까요? 2028년 대입 개편안에 따르면 고등학교 내신중간·기말고사와 수행평가 성적이 가장 중요하며, 그다음으로 수능 성적이 중요합니다. 이러한 교육 현실에서 가장 중요한 것은 학교 내신 성적을 잘 받는 것이며, 이를 위해서는 서술형 주관식 문제의 답을 잘 쓰고, 수행평가 때 발표를 잘하고, 보고서도 잘 작성해야 합니다. 즉, 이해를 바탕으로 잘 설명하고 잘 쓰는 것이 중요합니다. 그리고 그 기본적인 내용은 교과서에 잘 담겨 있습니다. 따라서 사회 학습에서 가장 기초이자 기본은 '교과서 학습 제대로 하기'라고 할 수 있습니다. 지금까지 살펴본 내용을 바탕으로 초등 시기의 사회 학습 방식을 정리할 수 있습니다.

첫째, 교과서 학습을 철저히 해야 합니다. 그러면 '본질'과 '현실'을 모두 충족할 수 있습니다. 본질적으로 사회는 내가 살아갈 공간을 이해하는 과목이라고 했습니다. 그리고 이를 위해 가장 체계적으로 정리된 교재가 교과서입니다. 교과서를 제대로 학습하면 자연스럽게 살아갈 공간을 잘 이해하게 됩니다. 또한, 사회 성적을 잘 받기 위해서는 설명과 쓰기를 잘해야 하며, 이를 위해서도 교과서 내용을 제대로 이해하고 설명할 수 있어야 합니다. 따라서 사회 학습에서 가장 중요한 것은 교과서를 충실히 학습하는 것입니다. 우리 부모님 세대처럼 전과나 문제집의 요점 정리를 단순 암기하는 것은 효과도 낮고 의미도 없습니다.

둘째, 학습 영역을 시기별로 확장시켜야 합니다. 확장의 기준은 난이도이며, 난이도의 기준은 '구체적인가, 추상적인가'입니다. 예를 들어, 정치보다는 지리가, 경제보다는 문화가 더 쉽습니다. 이는 지리와 문화가 정치와 경제보다 더 구체적이기 때문입니다. 민주주의정치보다 고원지리이 더 구체적이고, 이자경제보다는 한복문화이 더 구체적입니다. 따라서 구체적인 것으로 논리적 사고를 시작하는 5~6세에는 여러 사회 영역 중 구체적인 내용이 많은 영역 위주로 접하는 것이 좋고, 7세~초등학교 2학년 시기에는 학습 영역을 서서히 확장하되 여전히 구체적인 내용 위주로 접근해야 합니다. 초등학교 3학년부터는 학습 영역 확장과 함께 추상적인 개념까지 학습하도록 해야 합니다. 이때 중요한 것은 어휘 개념을 제대로 익히는 것입니다. 사회 교과 학습에서 어휘 개념 이해는 기본 중의 기본입니다.

셋째, 책과 문제집을 적절히 활용해야 합니다. 사회 과목도 책을 많이 읽은 아이들이 유리합니다. 단, 책만 많이 읽으면 70~80점 정도는 받을 수 있지만, 90~100점을 받기 위해서는 문제집도 적절히 활용해야 합니다. 일단 5세부터 초등학교 2학년까지는 책 위주로 학습하는 것이 좋고, 문제집은 사회 과목이 본격적으로 등장하는 초등학교 3학년부터 선택적으로 활용하는 것이 좋습니다.

2 사회 공부 SKY 로드맵

5세~7세 사회 공부 방법

사회는 내가 살아갈 공간을 이해하는 과목입니다. 이 공간을 이해하려면 기본적으로 '논리적 사고력'이 필요합니다. 예를 들어, 열대우림 지역은 덥고 비가 많이 내려 땅이 습합니다. 그래서 집을 땅과 떨어뜨려 짓거나 나무 위에 짓죠. 우리나라 농촌에서는 논농사를 짓기 때문에 볏짚이 많아 초가집이 주를 이룹니다. 이처럼 공간을 이해할 때는 원인과 결과를 논리적으로 생각해야 합니다. 논리적 사고가 가능해지는 시기가 보통 5세이므로, 사회 학습의 시작 시기도 5세로 보는 것이 적절합니다. 이때 가장 좋은 학습 수단은 책과 경험입니다. 또한, '누리과정'이라는 유용한 학습 프로그램이 있어, 누리과정과 책, 가족과의 즐거운 경험을 통해 이 시기에 필요한 사회 학습을 충분히 이룰 수 있습니다.

단, 5세 때의 사회 학습은 두 가지 요소를 고려해야 합니다. 첫째, 아이들이 아직 논리적 사고에 익숙하지 않다는 점입니다. 둘째, 논리적 사고의 대상이 구체적이어야 한다는 점입니다. 요리나 수영처럼 논리적 사고도 경험과 시간이 쌓이면서 점차 잘하게 되는 것이므로 처음부터 잘하기는 어렵고, 단순하고 구체적인 내용이어야 합니다. 따라서 이 시기의 사회 학습은 단순하고 구체적이어야 논리적 사고를 통해 내용을 이해할 수 있습니다. 이러한 경험이 쌓여야 논리적 사고가 발전하고 학습도 점점 수월해집니다.

예를 들어, 5세 아이도 소방차가 무엇인지 알 수 있습니다. 불을 끄는 차라는 것을 사진이나 동영상으로 쉽게 학습할 수 있습니다. 하지만 '소방법'처럼 추상적인 개념은 학습할 수 없습니다. 또한 한복을 실제로 보여주며 설명하면 한복이 무엇인지 이해할 수 있지만, 신분에 따라 입는 옷이 달랐다는 것은 이해하기 어렵습니다. 신분 개념은 추상적이기 때문입니다.

따라서 5~6세 때에는 단순하고 구체적인 내용을 다룬 사회책을 잘 골라야 합니다. 이 시기의 아이들이 쉽게 이해할 수 있는 내용이 중요하며, 정보의 양보다는 난이도가 더 중요합니다. 또한 관련된 체험을 병행하면 학습 효과가 더욱 커집니다. 예를 들어, 옛날 농촌을 다룬 책을 읽었다면 짚 체험을, 김치에 관한 책을 읽었다면 김치 만들기 체험을, 소방서나 소방차를 다룬 책을 읽었다면 소방서 견학을 해 보는 것이 좋습니다. 이렇게 5~6세 때는 아이가 어렵지 않게 이해할 수 있는 책간접 경험과 체험직접 경험을 병행하는 것이 좋으며, 학습 대상을 정치, 경제, 역사, 윤리보다는 지리, 일반사회, 문화 쪽에서 찾는 것이 적절합니다. 물론 정치, 경제, 역사, 윤리와 관련한 책이 5~6세 아이 눈높이에 맞추어져 있다면 적극적으로 선택할 수 있지만, 이런 책은 많지 않은 편입니다.

7세는 조금 다릅니다. 유치원 누리과정과 연계한 독서를 진행하면 더욱 체계적인 학습이 가능합니다. "누리과정 연계 독서를 꼭 해야 하나요?"라는 질문을 받기도 하는데요, 꼭 해야 할 필요는 없습니다. 이 시기에 맞는 사회책을 접하는 것은 필수 이지만 누리과정 연계 독서까지 반드시 해야 하는 것은 아닙니다. 5세~7세 동안 적절한 사회책을 많이 접하면 사회 텍스트 읽기 능력이 길러지고 사회에 대한 배경 지식이 쌓이므로, 꼭 연계 독서를 하지 않더라도 사회 과목 학습에 필요한 기초 능력을 충분히 기를 수 있습니다. 다만 어차피 사회책을 접해야 한다면 누리과정과 연계한 독서가 도움이 되기 때문에 가능하면 연계 독서를 추천합니다. 아이는 유치원 사회 활동 시간에 미리 책에서 본 내용을 접하게 되어 활동에 더 적극적으로 참여하게 되고, 부모는 책 선택 기준이나 주제를 명확히 하여 선택의 어려움을 덜 수 있습니다. 단, 연계 독서를 하더라도 가장 중요한 것은 '내 아이에게 맞는 책'입니다. 누리과정 연계 독서 목록 중에서도 5~7세 아이가 보기에 어려운 책이 있을 수 있으니 주의가 필요합니다.

초등학교 1~2학년 사회 공부 방법

초등학교에서 사회 과목은 3학년부터 시작됩니다. 즉, 본격적인 사회 학습은 3학년부터이며, 1~2학년은 아직 사회를 정식으로 배우는 시기가 아닙니다. 그러나 1~2학년은 3학년을 대비해야 하는 시기이기도 합니다. "초등학교 3학년이 가장 어려워하는 과목이 사회다"라는 이야기는 두 가지 사실을 시사합니다. 하나는 "1~2학년 때 어느 정도 사회 과목 대비가 필요하다"는 점이며, 다른 하나는 "많은 아이들이 1~2학년 때 사회 과목 대비를 충분히 하지 못한 채 3학년을 맞이한다"는 점입니다.

초등학교 1~2학년의 사회 학습에서 가장 효과적인 대비 방법은 여전히 책과 경험입니다. 이 시기에 사회 관련 책을 많이 읽은 아이라면 자연스럽게 3학년 사회 과목 학습에도 도움이 됩니다. 사회 관련 체험을 많이 한 경우라면 3학년뿐 아니라 4학년 사회 학습에도 큰 어려움이 없을 것입니다. 하지만 현실적으로 사회 책을 다양하게 읽고 체험을 충분히 하는 것은 쉽지 않으므로, 더 효율적인 대비책이 필요합니다.

7세 때는 누리과정 연계 독서가 좋은 방법이었다면, 초등학교 1~2학년 때는 통합교과 연계 독서가 적절한 대비책입니다. 특히 2학년 때는 통합교과와 함께 3~4학년 사회 과목과 연계된 독서를 병행하는 것이 좋습니다.

초등학교 1~2학년은 국어, 수학, 통합교과의 3과목을 배우며, 통합교과에는 사회, 과학, 음악, 미술, 체육 등의 내용이 포함되어 있습니다. 따라서 통합교과 중 사회 내용을 다루는 책을 통해 연계 독서를 진행하면 통합교과 사회 영역 학습을 준비하면서 3학년 사회 과목도 자연스럽게 대비할 수 있습니다. 이는 과학 과목도 마찬가지입니다.

통합교과 연계 독서의 핵심은 두 가지입니다. 첫째, 통합교과의 사회 내용을 잘 반영한 책을 고를 것. 둘째, 초등학교 1~2학년 아이의 읽기 능력에 맞는 책을 선택할 것. 특히 두 번째 요소가 매우 중요합니다. 이 두 가지 조건을 만족시키는 책과 함께 다양한 사회 분야 책을 많이 읽으면 통합교과 대비는 물론 3학년 사회 준비에도 효과적이며, 더불어 국어 비문학 독해 연습 효과까지 기대할 수 있습니다. 또한, 책 읽기와 관련 체험을 병행하면 가장 효율적인 사회 학습이 이루어집니다.

초등학교 1~2학년 때는 사회 학습지나 문제집을 푸는 것보다는 독서와 체험을 통한 학습이 훨씬 의미 있는 사회 학습이 됩니다.

초등학교 3~4학년 사회 공부 방법

초등학교 3학년이 되면 과목 수가 늘어납니다. 국어와 수학이 계속 이어지고, 통합교과가 사회, 과학, 음악, 미술, 체육 등으로 세분화되며 영어도 시작됩니다. 초등학교 3~4학년 때는 영어가 1순위 과목이므로 영어에 가장 많은 시간을 투자해야 하고, 수학은 학년 수준에 맞추어 기초를 탄탄히 하는 것에 집중해야 합니다. 이 시기의 우선순위는 영어가 1순위, 수학이 2순위, 독서가 3순위입니다. 그렇다면 사회는 어떻게 학습해야 할까요?

3학년부터 시작되는 사회 교과서 내용을 보면 크게 세 가지로 구분할 수 있습니다.

초등학교 사회 교과서 내용 구분

- **이미 아는 내용** : 농촌에서는 주로 농사를 짓습니다.
- **이해할 수 있는 내용** : 예전에 사람들이 말에게 죽을 끓여 먹인 곳이라고 해서 '말죽거리'라고 불렀습니다.
- **무조건 암기해야 하는 내용** : 지역 특산물로는 이천 도자기, 횡성 한우, 천안 호두, 충주 사과, 상주 곶감, 전주 한지, 순창 고추장, 안동 탈춤, 밀양 사과, 기장 미역, 통영 나전칠기 등이 있습니다.

'이미 아는 내용'에는 대부분의 아이가 아는 내용도 있지만, 어떤 내용은 아이에 따라 다릅니다. 예를 들어, '농촌에서는 주로 농사를 짓는다'는 대부분의 아이가 알고 있지만, '어촌에서는 농사도 짓고 물고기도 잡는데 이를 반농반어라고 한다'는 내용을 아는 아이도 있고, 암기해야 하는 아이도 있습니다. 이를 통해 사회 학습 능력이 좋은 아이, 중간인 아이, 아직 부족한 아이의 차이점을 알 수 있습니다.

초등학교 사회 학습 능력의 차이점

- **학습 능력이 좋은 아이** : 사회에 대한 배경지식이 많고, 사회 현상에 대한 이해력과 암기력이 좋은 아이
- **학습 능력이 중간인 아이** : 사회 배경지식, 이해력, 암기력 중 일부만 좋은 아이
- **학습 능력이 부족한 아이** : 사회 배경지식, 이해력, 암기력이 모두 부족한 아이

즉, 사회를 잘 학습하려면 배경지식과 사회 현상에 대한 이해력, 그리고 암기력이 필요합니다. 수학 성적이 문제 해결력에 의해 좌우된다면, 사회 성적은 배경지식, 이해력, 암기력에 의해 좌우됩니다. 그렇다면 사회 과목에서 배경지식, 이해력,

암기력은 어떤 역할을 할까요?

사회 성적을 좌우하는 첫 번째 요소는 배경지식입니다. '아는 만큼 보인다'는 말처럼, 사회 수업 시간에 교과서의 절반 이상이 이미 아는 내용이라면, 공부해야 할 양이 줄어 학습 부담이 적어집니다. 수업 시간에 선생님의 설명도 어렵지 않게 이해할 수 있어 사회가 어렵게 느껴지지 않게 됩니다. 따라서 사회 학습에 부담을 줄이려면 배경지식을 어느 정도 쌓아두는 것이 좋습니다.

하지만, 이러한 필요성만을 강조하며 초등학교 2학년 아이에게 사회를 공부처럼 시키는 것은 효과적이지 않습니다. 초등학교 2학년은 책을 많이 읽고, 수학과 영어를 꾸준히 학습하며, 예체능 활동 1~2가지를 하고, 학교 숙제를 하고 놀기도 바쁜 시기입니다. 이 시기에 사회 공부까지 추가하면 효율이 떨어지고, 집중력도 떨어지기 때문에 배경지식 습득도 원활하지 않습니다.

따라서 초등학교 2학년 때는 독서에서 사회와 과학 영역의 책 비중을 높이는 것이 좋습니다. 독서가 1순위인 시기에 사회책의 비중을 높이면 독서 효과와 사회 배경지식 습득을 동시에 얻을 수 있습니다. 3학년 때도 사회책 비중을 유지해야 합니다. 이때 정말 중요한 것은 '책 선택'입니다. 3~4학년 사회 교과서와 연계된 책이라면 좋겠지만, 더 중요한 것은 아이가 편하게 읽을 수 있는 책, 쉽게 이해하고 흥미를 느낄 수 있는 책이어야 합니다. 책 한 권을 통해 배경지식 하나라도 얻게 되면 아이는 '아는 재미'를 느끼고 사회책을 자주 찾게 되며, 이를 통해 배경지식을 의미 있게 쌓을 수 있습니다.

다음은 초등학교 3학년 사회 교과서에 나오는 키워드 또는 그와 관련된 키워드 입니다. 이 키워드를 주제나 핵심 정보로 다룬 책 중에서 완성도가 높은 책은 꼭 선택하시기 바랍니다.

초등학교 3학년 사회 교과 관련 중요 키워드

- **고장의 주요 장소** : 전통 시장, 대형 할인점, 버스 터미널, 주민센터, 도청, 소방서, 생태 공원, 우리 고장 그림 그리기

- **지도** : 그림지도, 인공위성, 디지털 영상 지도, 백지도, 백지도 그리기

- **고장 이야기** : 문화유산, 자연환경, 지명, 종로, 포은대로(정몽주), 서빙고동, 피맛골, 탄천, 안성맞춤, 두물머리, 얼음골, 기와말, 말죽거리, 우리 고장의 옛이야기 조사하기

- **고장의 문화유산** : 다보탑, 석가탑, 몽룡실, 혼천의, 경주 동궁과 월지, 성덕 대왕 신종, 가야금 병창, 전통장, 향교, 첨성대, 누비, 탈춤, 불국사, 석굴암, 화랑도, 우리 고장의 문화유산 조사하기

- **교통수단의 발달과 사회 변화** : 가마, 말, 뗏목, 소달구지, 돛단배, 당나귀, 전차, 증기선, 비행기, 승용차, 버스, 트럭, 비행기, 전철, 배, 자전거, 여객선 터미널, 택배, 기차역, 공항, 주유소, 휴게소, 직업, 모노레일, 지프 택시, 경운기, 케이블카, 갯배, 카페리, 자율 주행 자동차, 전기 자동차

- **통신 수단의 발달과 사회 변화** : 서찰, 방, 봉수, 신호 연, 새, 북, 편지, 휴대 전화, 텔레비전, 길도우미(네비게이션), 무선 인터넷, 음성 인식, 자동 위치 알림

- **환경과 생활** : 자연환경(산, 들, 하천, 바다, 눈, 비, 바람, 기온, 우박), 인문 환경(논, 밭, 과수원, 다리, 도로, 공장, 항구, 조선소), 등산로, 도로, 생활용수, 공업용수, 염전, 기후, 기온, 강수량, 계절, 계절에 따른 생활모습, 농촌 사람들이 하는 일, 도시 사람들이 하는 일, 산지촌 사람들이 하는 일, 어촌 사람들이 하는 일, 다양한 여가 생활(등산, 낚시, 박물관 관람, 영화 감상), 우리 고장 사람들이 즐기는 여가 생활 조사하기

- **의식주** : 의(옷), 식(음식), 주(집), 계절에 따른 의생활, 세계 각 고장의 날씨에 따른 의생활(사우디아라비아 사막, 베트남 열대우림, 캐나다 극지방, 페루 고원), 고장의 자연환경에 맞게 발달한 식생활, 세계 여러 고장의 자연환경에 맞는 식생활(열대 과일, 회, 치즈), 아파트, 연립 주택, 단독 주택, 옛날 집(터돋움집, 우데기집, 너와집), 러시아 이즈바, 터키 동굴집

- **옛날 생활 도구** : 주먹도끼, 빗살무늬 토기, 동물의 뼈로 만든 낚시 도구, 청동 방울, 비파형 동검, 거친무늬 청동 거울, 제사장, 철로 만든 농사 도구와 무기
- **도구의 발달** : 돌괭이⇒철로 만든 괭이, 반달 돌칼⇒철로 만든 낫, 쟁기⇒트랙터, 탈곡기⇒콤바인, 토기⇒시루⇒가마솥⇒전기밥솥, 가락바퀴⇒베틀⇒방직기와 재봉틀
- **집의 변화** : 동굴이나 바위 그늘⇒움집⇒귀틀집⇒초가집⇒기와집⇒아파트, 온돌
- **세시 풍속** : 풍속, 세시 풍속, 명절, 추석, 설날, 정월대보름, 한식, 단오, 삼복, 동지, 중양절, 세시 풍속 때 하는 일, 세시 풍속 놀이, 세시 풍속 음식, 세시 풍속 때 입는 옷, 옛날과 오늘날의 세시 풍속 비교
- **가족의 구성과 역할 변화** : 옛날과 오늘날의 결혼 풍습 비교, 옛날과 오늘날의 가족 형태 비교(확대 가족, 핵가족), 가족 구성원의 역할 변화와 바람직한 역할, 다양한 가족 형태

다음은 초등학교 4학년 사회 교과서에 나오는 중요 키워드 또는 그와 관련된 키워드들입니다.

초등학교 4학년 사회 교과 관련 중요 키워드

- **지도** : 위성 사진, 지도, 방위, 방위표, 기호, 범례, 축척, 등고선, 다양한 지도(약도, 길도우미, 지하철 노선도, 학교 안내도, 관광 안내도)
- **중심지** : 고장의 중심지(군청, 구청, 시장, 버스 터미널), 중심지의 역할과 특징, 산업의 중심지(공장), 행정의 중심지(도청, 교육청), 상업의 중심지(대형 할인점, 백화점), 관광의 중심지(박물관, 유적지)
- **문화유산** : 문화유산 조사 방법, 유형 문화재(석탑, 건축물, 책), 무형 문화재(예술 활동, 기술), 문화유산 답사하기(고창 선운사 답사), 우리 지역의 문화유산 답사하기, 문화유산 소개 자료 만들기, 문화유산 보호 방법

- **역사적 인물** : 역사적 인물 조사 계획 세우기, 조사하고 소개 자료 만들기

- **공공 기관** : 공공 기관이란, 우체국, 보건소, 주민 센터, 도서관, 경찰서, 소방서, 교육청, 행복 실은 이동 보건소, 찾아가는 시민 사랑방, 공공 기관의 역할, 공공 기관 견학하기(계획서, 보고서 작성)

- **지역 문제** : 교통 혼잡 문제, 소음 문제, 환경 오염 문제, 시설 부족 문제, 주택 노후화 문제, 안전 문제, 지역 문제 해결 방법(대화와 타협, 다수결의 원칙)

- **주민 참여** : 공청회에 참여하기, 주민 회의에 참여하기, 시도청 누리집에 의견 올리기, 서명 운동 하기, 시민 단체 활동, 주민 투표, 주민 참여의 바람직한 태도

- **촌락과 도시** : 농촌−농업, 어촌−어업, 산지촌−임업, 촌락, 촌락의 모습 조사하기, 도시의 특징, 도시의 모습 조사, 촌락과 도시의 공통점과 차이점, 촌락과 도시의 문제를 해결하기 위한 노력

- **함께 발전하는 촌락과 도시** : 교류, 촌락 생활 체험(인절미 만들기, 고구마 캐기, 소금 만들기, 치즈 만들기), 다양한 지역 축제, 도시와 촌락의 교류(직거래 장터, 여가 생활 교류, 지역 축제 교류, 자매결연이나 봉사)

- **현명한 선택(경제)** : 희소성, 한정된 자원, 선택의 문제 발생, 현명한 선택의 필요성과 중요성, 현명한 선택을 하는 방법

- **생산과 소비** : 생산, 소비, 생산 활동(필요한 것을 자연에서 얻는 활동, 필요한 것을 만드는 활동, 생활을 편리하고 즐겁게 해 주는 활동), 현명한 소비 생활 방법

- **교류** : 다양한 원산지, 경제적 교류, 다양한 경제적 교류(개인과 기업, 기업과 지역, 지역과 지역, 국가와 국가), 대중 매체를 이용한 경제적 교류(인터넷, 스마트폰, 홈쇼핑), 대형 시장을 이용한 경제적 교류(전통 시장, 대형 할인점, 도소매 시장), 지역 간 대표 자원의 경제적 교류, 다양한 문화 활동과 함께하는 경제적 교류, 촌락과 도시의 생산물에 따른 경제적 교류, 다양한 지역의 대표 상품(특산물, 특산물 지도)

- **사회 변화** : 저출산으로 인한 변화, 고령화로 인한 변화, 정보화로 인한 변화, 정보화 사회의 문제점과 해결 방안, 세계화가 우리 생활에 미친 영향
- **다양한 문화** : 문화란, 다양한 문화(의식주), 편견, 차별(장애, 남녀, 나이, 임신, 출산), 편견과 차별을 해결할 방법

사회 성적을 좌우하는 두 번째 요소는 이해력입니다. 첫 번째 요소인 배경지식은 독서로 습득하는 것이 가장 효과적인데, 이해력 역시 독서로 키우는 것이 좋습니다. '이해'는 단순히 아는 것이 아니라 '하는 것'이며, 자꾸 해 봐야 잘하게 됩니다. 즉, 사회를 잘 이해하려면 사회에 대한 내용을 이해하는 경험을 꾸준히 해야 합니다. 독서는 사회를 이해하는 중요한 과정이며, 사회 책을 읽으면서 그 안에 담긴 사회적 개념들을 이해하게 됩니다. 만약 유치원 때부터 초등학교 2학년까지 사회 영역의 책을 꾸준히 읽은 아이라면 3학년이 되기 전에 이미 사회를 이해하는 경험을 많이 쌓은 상태입니다. 이 경우, 사회 수업에서 생소한 내용이 나오더라도 배경지식이 뒷받침되어 어렵지 않게 이해할 수 있습니다. 이는 단순 암기와의 차이점입니다. 암기만으로는 배경지식을 얻을 수 있지만, 이해력은 잘 길러지지 않기 때문입니다. 또한, 단순 암기 방식으로 습득한 배경지식은 오래가지 않습니다.

사회 성적을 좌우하는 세 번째 요소는 암기력입니다. 그러나 암기력은 독서만으로 길러지지는 않습니다. 암기력은 타고난 능력, 의지, 효율적인 암기법에 의해 결정됩니다. 타고난 암기력이 좋은 아이는 적은 횟수로도 기억할 수 있지만, 그렇지 않은 아이는 더 많은 반복이 필요합니다. 저 역시 후자의 경우였고, 암기할 내용이 많은 과목을 어려워했습니다. 어쨌든 암기력은 어느 정도 타고나는 것이므로 이를 받아들이는 것이 좋습니다. 다행히 학습 능력 전체에서 타고난 암기력이 차지하는 비중은 약 20%에 불과하며, 의지와 효율적인 암기법이 더 중요합니다.

암기는 단순 암기와 단순 계산처럼 흥미가 적기 때문에 상당한 의지력을 요합니다. 특히 암기력이 뛰어나지 않은 경우, 더 많은 의지력이 필요합니다. "시험을 잘 보려면 암기를 잘해야 해. 그러니 열심히 외워!"라는 말은 아이에게 압박만 줄 뿐 효과는 미미합니다. 대신 큰 학습 계획을 세우고 차근차근 진행하는 것이 좋습니다. 우선, 꾸준히 학습하는 경험이 필요합니다. 무언가를 읽고 이해하는 노력과 기억하려는 노력을 경험한 아이가 암기를 잘하게 됩니다. 또한, 의지력을 발휘할 동기 부여도 중요합니다. "시험을 잘 보겠다"라는 것은 일부 아이들에게는 강력한 동기이지만, 모든 아이가 갖는 동기는 아닙니다. "부모님을 기쁘게 해 드리겠다"라는 동기도 괜찮지만, 이 경우 학습량에 무리가 가지 않도록 유의해야 합니다. 학습 목표를 달성했을 때 아이가 원하는 것을 해주는 보상도 좋은 방법인데, 이때는 결과보다 노력에 대한 보상임을 강조해야 합니다.

암기에서 가장 중요한 것은 효율적인 암기법입니다. 단순 반복 암기는 비효율적이므로 다음과 같은 효율적인 암기법을 활용하는 것이 좋습니다.

1. **연상법** : 예를 들어, 임진왜란 때 이순신 장군이 학익진 전법을 사용한 전투는 한산도 대첩입니다. 학익진과 한산도의 첫 글자 'ㅎ'을 연상하며 기억할 수 있습니다. 단, 연상법은 암기할 내용이 많아지면 한계가 있으므로 반드시 암기해야 할 내용에만 적용하는 것이 좋습니다.

2. **회독** : 영어 문법 학습에서 효과적인 방법입니다. 문법책을 처음부터 완벽하게 암기하려 하기보다, 책 전체를 여러 번 반복해서 보는 것입니다. 첫 회독은 빠르게 전체를 훑고, 2회차부터는 암기량을 점차 늘려가는 방식입니다. 동영상 강의를 활용할 때도 효과적입니다.

3. 이해하고 암기하고 설명하기 : 예를 들어, "벼농사는 많은 물이 필요하며, 모내기 시기에는 논에 물을 가득 채워야 합니다. 따라서 평야 지역에서는 벼농사를 많이 지었고, 농사 후에는 남은 볏짚으로 초가집을 지었습니다." 이처럼 인과 관계가 있는 내용을 먼저 이해한 후 암기하고, 암기한 내용을 설명해 보면 거의 완벽하게 기억할 수 있습니다. 설명할 때 처음부터 잘하려 하기보다 2~3번 반복하여 설명하는 것이 좋습니다. 이 과정을 통해 학습이 잘 된 부분과 부족한 부분을 구분할 수 있어, 효율적인 학습이 가능합니다. 또한, 이는 서술형 문제 해결 능력을 기르는 과정이기도 합니다.

초등학교 3~4학년 때 사회 학습을 잘하는 방법을 정리하면 다음과 같습니다.

효과적인 초등학교 3~4학년 사회 학습법

- 초등학교 2~3학년 때 사회 영역 책을 많이 읽어 기초 배경지식을 쌓고, 사회 정보를 이해하는 능력을 길러야 합니다. → 이미 아는 내용이 많아집니다.
- 이해할 수 있는 내용은 단순 암기가 아니라 '이해하고 암기하고 설명하기' 방식으로 학습해야 합니다. → 아는 내용이 더 많아집니다.
- 무조건 암기해야 하는 내용은 '연상법'과 '회독' 방식을 적용해 최대한 효율적으로 암기해야 합니다. → 당위성보다는 동기 부여가 중요합니다.

즉, 초등학교 2학년 전까지 책과 경험을 통해 사회를 어느 정도 접하고, 3~4학년 때 위와 같은 방식으로 사회 학습을 진행하는 것이 현재 상황에서는 가장 효율적인 사회 학습법입니다.

초등학교 5~6학년 사회 공부법

초등학교 5~6학년 사회 교과서에는 사회와 한국사가 함께 나옵니다. 물론 초등 3~4학년 때에도 '문화재'처럼 한국사와 관련된 내용이 있지만, 본격적인 한국사는 5~6학년부터 시작됩니다. 여기에서는 사회 영역에 대해서만 정리했습니다.

5~6학년 사회 과목은 한 문장으로 요약하자면, '진짜 사회가 시작된다'입니다. 부모 세대가 경험했던 사회 수업은 보통 5학년 수준부터 시작되었으며, 이때부터 다룰 정보가 많아지고, 암기할 내용과 어려운 어휘도 많이 등장합니다. 5학년 사회의 수준을 아래 어휘 예시를 통해 가늠할 수 있습니다.

초등학교 5학년 사회의 어휘 수준
국토, 위선, 경선, 위도, 북위, 남위, 경도, 본초 자오선, 동경, 서경, 대륙, 해양, 주권, 영토, 영해, 영공, 함경산맥, 태백산맥, 행정 구역, 특별시, 광역시, 저위도, 중위도, 고위도, 지구 온난화, 강수량, 자연재해, 인구 밀도, 산업화, 첨단 산업 등

5~6학년 사회를 수월하게 학습하는 아이와 어렵게 느끼는 아이의 차이는 다음과 같은 문장에서 드러납니다.

- **예** : "우리 국토는 아시아 대륙의 동쪽에 위치한 반도이다."
- **사회가 쉬운 아이** : 이 문장을 읽으면 이해할 수 있습니다.
- **사회가 어려운 아이** : 이해하려고 하면 어려운 개념이 많아져 암기하려 하지만 잘 외워지지 않습니다.

- '국토'란? : 한 나라의 땅
- '국토'가 왜 '한 나라의 땅'인가? : 나라 국(國), 땅 토(土)이니까
- '아시아'란? : 지구의 북쪽에 있으며, 크기가 가장 크고 인구가 가장 많은 대륙
- '대륙'이란? : 지구의 땅 중에서 넓이가 매우 넓은 땅. 아시아, 유럽, 아프리카, 북아메리카, 남아메리카, 오스트레일리아, 남극 등
- 우리나라는 왜 아시아 대륙의 동쪽에 있다고 하나? : 지도상에서는 오른쪽이 동쪽 인데, 아시아 대륙을 보면 우리나라는 동쪽에 있음
- '반도'란? : 육지가 바다에 길게 돌출하여 삼면이 바다로 둘러싸여 있는 땅
- 그런 모양의 땅을 왜 '반도'라고 부르나? : 절반 반(半), 섬 도(島)이니까

그렇다면 5~6학년 때 사회 공부를 잘하는 아이는 어떤 아이일까요? 3~4학년 사회 공부가 '배경지식, 이해력, 암기력'에 의해 결정되었다면, 5~6학년 사회 학습은 조금 다른 기준을 따릅니다.

4. 3~4학년 사회 학습을 잘한 아이 : 3~4학년 때 지도 공부를 통해 지리 방향(북·남 ·동·서)을 잘 알고 있는 아이입니다.

5. 어휘 의미 추론과 이해력이 좋은 아이 : 예를 들어, '국토 ⇒ 나라 국(國) + 땅 토(土)'를 추론해 쉽게 이해할 수 있는 아이입니다.

6. 배경지식을 갖춘 아이 : 세계지도를 본 적이 있고, 여러 대륙과 나라에 대해 알고 있습니다. 이는 3~4학년 때 세계문화 책을 통해 배운 경우가 많습니다. 이 시기에는 세계사를 다루기보다 세계문화 책을 읽는 것이 더 적합합니다.

초등학교 5학년 수준의 예시 문장은 다음과 같습니다.

<table>
<tr><td colspan="1">초등학교 5학년 사회 예시 문장</td></tr>
</table>

- **위도** : 적도를 기준으로 북쪽은 북위, 남쪽은 남위라고 하며, 각각 90도로 나누어 북쪽과 남쪽의 위치를 나타낸다.
- 한 나라의 영역은 그 나라의 주권이 미치는 범위를 말하며 영토, 영해, 영공으로 이루어진다.
- 사람들은 갯벌에서 해산물이나 소금을 채취하기도 하고, 갯벌을 간척해 농경지나 공업용지로 사용하기도 한다.
- 교통망의 발달로 신속한 물자 이동이 가능해져 다양한 산업이 성장하면서 더욱 많은 도시가 생겨났다.
- 우리 사회에서는 국가, 지방 자치 단체, 시민 등의 사회 구성원들이 인권 보장을 위해 많은 노력을 하고 있다.
- 헌법에는 대한민국 국민이 누려야 할 권리와 지켜야 할 의무를 담고 있다.
- 헌법이 보상하는 기본권에는 평등권, 자유권, 참정권, 청구권, 사회권 등이 있다.

5~6학년 사회 공부법은 아이마다 다릅니다. 3~4학년 때 사회 공부를 잘하고 어휘 추론력이 좋으며 배경지식을 갖춘 아이라면 큰 어려움 없이 학습할 수 있습니다. 반대로 기초가 부족한 경우 공부할 양이 많게 느껴져 학습에 부담을 느낄 수 있습니다. 따라서 5~6학년의 사회 학습법은 아이의 준비 상태에 맞게 달리해야 합니다.

초등학교 5~6학년은 수학과 영어가 학습 우선순위에 있는 시기이므로 사회에 많은 시간을 들이기 어렵습니다. 아래는 아이별 사회 학습법의 예시입니다.

아이별 초등학교 5~6학년 사회 공부법

1. 준비가 잘 되어 있는 아이

예습보다 복습이 중요합니다. 교과서를 읽고 텍스트와 그림 자료를 해석해가며 학습합니다. 대체로 내용을 혼자 학습할 수 있으므로, 문제집을 통해 요점 복습과 시험 문제 훈련을 병행합니다.

2. 준비가 다소 부족한 아이

혼자 이해하기 어려운 내용은 예습을 하거나 학교 수업에서 선생님의 도움을 받아 이해합니다. 이후 교과서 복습과 문제집을 활용해 학습을 보완합니다.

3. 준비가 되어 있지 않은 아이

사회 공부 경험을 쌓는 것이 우선이므로, 인터넷 강의로 도움을 받는 것이 좋습니다. 일부 내용만 학습하더라도 철저히 이해하고 암기하는 경험이 중요합니다. 예습을 통해 내용을 파악하고, 수업에서 보충한 후 교과서를 읽고 문제집을 풀며 복습합니다.

대입 수시 전형에서는 고등학교 학생부가 기준이므로 초등학교 사회 성적이 대학 입시에 직접 영향을 미치지는 않습니다. 하지만 초등학교 때 일부라도 사회 공부를 제대로 해 보는 경험은 큰 의미가 있습니다. 따라서 아이에게 맞는 사회 공부 방법을 정하고, '시험 점수'보다 '의미 있는 사회 공부 경험'을 목표로 진행하는 것이 바람직합니다.

Q&A

Q1. 교과 연계 독서란 어느 정도까지의 연계를 뜻하나요?

A1. 예를 들어, 사회 교과서에 '혼천의'가 나온다면 반드시 '혼천의'를 다룬 책을 읽을 필요는 없습니다. 구체적 사례까지 연계하면 좋지만, 더 중요한 것은 큰 주제에 맞춘 연계 독서입니다. 예를 들어, '문화유산'을 다룬 책 두 권 중 한 권에 혼천의가 나와도 난이도가 높은 책이라면 혼천의가 나오지 않아도 쉬운 책을 선택하는 것이 좋습니다. 중요한 것은 주제에 대한 이해 경험을 쌓는 것이며, 이후 다양한 문화유산으로 확장해 나가는 것이 좋습니다.

Q2. 사회 문제집은 꼭 풀어야 하나요?

A2. 사회 문제집의 목적은 두 가지입니다. 첫째, 아이의 사회 학습 상태를 진단하기 위해서이고, 둘째, 시험 문제 유형에 익숙해지기 위해서입니다. 학교 시험 외에도 문제집을 풀면 아이의 실력을 좀 더 객관적으로 평가할 수 있습니다. 사회책만 많이 본 아이는 시험 문제 유형에 익숙하지 않아 점수가 낮을 수 있습니다. 따라서 사회 문제집을 통해 시험 문제 유형을 익혀 두는 것이 좋습니다.

행공신 0.1% 초등 과학

PART 08

1. 과학은 기본, 기본은 교과서

2. 과학 공부 SKY 로드맵

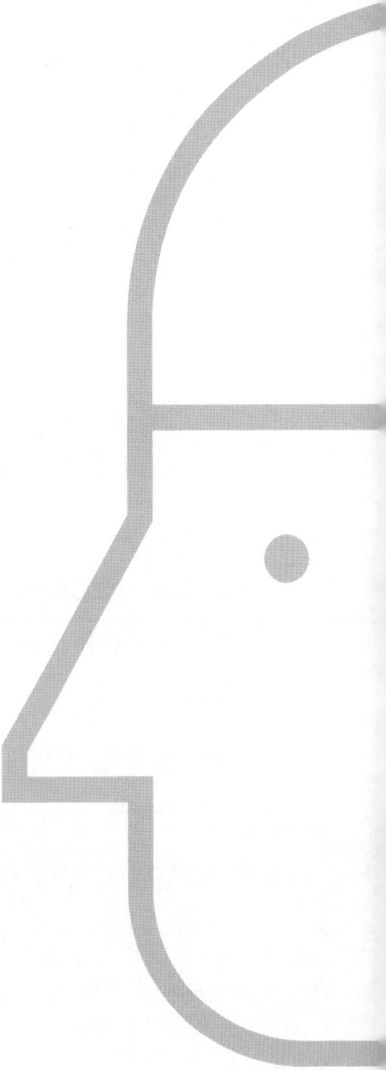

| 과학은 기본, 기본은 교과서

과학을 공부하는 근본적인 이유는 내가 살아갈 공간을 이해하기 위함이며, 이러한 이해는 결국 잘 살기 위해 필요합니다. 예를 들어, 플러그가 꽂힌 가전제품을 물속에 넣으면 감전될 수 있어 위험합니다. 서해안 갯벌에서는 썰물 때 너무 멀리 나가면, 밀물이 들어올 때 갯벌의 발 빠짐과 바닷물 속도 차이로 인해 위험해질 수 있습니다. 이처럼 내가 살아갈 환경에서 발생하는 과학적 현상을 이해하는 것이 중요합니다. 과학 학습은 단순히 암기하는 것이 아니라, 이해하고 설명할 수 있어야 합니다. 예를 들어, 전기의 성질과 위험성, 그리고 유용함을 설명할 수 있어야 합니다.

또한, 과학은 본질적으로 '콘텐츠'입니다. 언어국어, 영어에 담기는 수많은 콘텐츠 중 하나가 과학인 것이죠. 그러나 많은 아이들은 언어에만 집중하고, 과학 학습마저 단순 암기 위주로 접근합니다. 과학을 단순히 암기 과목으로 여기는 것은 본질을 놓치는 것입니다. 과학과 사회는 초·중·고 주요 과목일 뿐 아니라, 평생 삶의 질을 높이기 위해 이해해야 하는 핵심적인 학문입니다.

과학 학습은 5~6세부터 가능합니다. 이 시기의 아이들은 구체적인 대상을 중심으로 논리적 사고를 할 수 있어 사회보다 넓은 범위의 학습이 가능합니다. 동식물, 물, 얼음, 낮과 밤, 태양과 달, 불, 자석 등 다양한 일상 속 학습 대상을 쉽게 접할 수 있기 때문입니다. 유아~초등 저학년 대상의 책이 사회보다 과학책이 많은 이유도 이 때문입니다. 다만, 5~6세에는 간단한 인과관계를 이해하는 수준이고, 개념과 원리의 이해는 초등 1~2학년 때부터 시작하는 것이 좋습니다. 본격적인 과학 학습은 초등학교 3학년부터 시작됩니다.

- **5~7세** : 구체적 대상을 통해 논리적 사고를 할 수 있음 → 과학 학습 가능, 대상 범위는 사회보다 넓음. 단순 인과관계 이해 가능
- **초등학교 1~2학년** : 구체적 대상을 통한 사고가 여전히 유리 → 난이도가 낮은 과학 원리 학습 가능
- **초등학교 3학년 이후** : 추상적 대상도 사고 가능 → 물리학, 화학, 생명과학, 지구과학 4개 영역 학습 시작

5~7세 누리과정과 초등 1~2학년 통합 교과서에는 과학의 세부 영역 중 자연 영역이 많이 포함됩니다. 이 시기의 아이들에게 가장 친근하고 구체적으로 느껴지기 때문입니다. 초등 3학년이 되면 물리학, 화학, 생명과학, 지구과학 4개 영역이 시작되며, 이때부터 과학 공부에서 가장 중요한 것은 교과서입니다.

과학 교육 현실을 보면, 고등학교 내신중간·기말고사, 수행평가 성적과 수능 성적이 중요합니다. 특히 내신에서 좋은 성적을 받기 위해서는 서술형 문제에 대한 답변과 보고서 작성, 발표 등을 잘해야 합니다. 이는 이해를 바탕으로 한 설명과 작문 능력이 요구되며, 학습의 기본은 교과서에서 시작됩니다. 따라서, 과학 학습의 기초는 '교과서 학습'입니다.

초등학교 때 과학 학습법을 정리하면 다음과 같습니다.

1. 교과서 학습을 철저히 하기

과학은 내가 살아갈 환경을 이해하기 위한 과목이며, 그 체계적 교재가 교과서입니다. 교과서를 제대로 학습하면 환경에 대한 이해가 깊어지며, 설명과 작문 능력이 향상되어 내신 성적에도 유리합니다. 전과나 문제집의 요점 정리만 암기하는 것은 효과가 낮고 의미가 없습니다.

2. 학습 범위를 시기별로 확장하기

학습 확장의 기준은 난이도이며, 이는 '구체적인가, 추상적인가'로 나뉩니다. 예를 들어, 유아나 초등 저학년에게는 물리학보다 생명과학이 더 구체적이므로 이해하기 쉽습니다. 같은 화학에서도 물질의 상태 변화고체→액체보다는 화학 변화물→수소+산소가 더 어렵습니다.

따라서 구체적 사고가 가능한 5세~초등 2학년 시기에는 과학 실험이나 학습 자료에서 구체적 사례를 제시했는지를 꼭 확인해야 합니다. 이 시기에 지나치게 추상적이거나 어려운 실험은 아이들에게 단순히 재미있는 경험으로만 남을 수 있습니다.

3. 어휘 개념을 정확히 학습하기

초등학교 3학년부터는 추상적 개념을 다룰 수 있게 되며, 이때부터 중요한 것이 개념 이해입니다. 예를 들어 '에너지'는 매우 중요한 개념이지만, 이를 제대로 이해하지 못하면 이후 열에너지, 빛에너지, 전기 에너지, 에너지 변환 등 연관된 개념들을 학습하기 어렵습니다.

4. 책과 문제집을 적절히 활용하기

과학도 사회처럼 책을 많이 읽는 것이 유리합니다. 다만 책만 읽어서 70~80점 정도는 받을 수 있지만, 90~100점까지는 문제집을 함께 풀어야 가능합니다. 초등학교 2학년까지는 책 위주로 학습하고, 문제집은 3학년부터 선택적으로 활용하는 것이 좋습니다.

2 과학 공부 SKY 로드맵

5세~7세 과학 공부 방법

　과학은 사회와 마찬가지로 내가 살아갈 공간을 이해하는 데 필요한 중요한 과목입니다. 그리고 이러한 공간 이해에 필요한 기본 능력 중 하나가 '논리적 사고력'입니다. 예를 들어, 지구상에서는 모든 물체가 위에서 아래로 떨어집니다. 이는 정확히 말해 지구가 강한 힘으로 물체를 잡아당기기 때문이며, 이 힘을 '만유인력'이라고 부릅니다. 모든 물체는 서로를 당기는 힘을 가지고 있지만, 공을 놓으면 공은 지구를 향해 이동하고 지구는 거의 움직이지 않습니다. 이는 지구의 질량이 공의 질량보다 훨씬 크기 때문입니다. 지구의 인력은 공의 인력보다 훨씬 크기 때문에 공만 지구를 향해 움직이는 것이죠.

　이처럼 과학 현상에는 원인과 결과가 명확한 인과 관계가 많습니다. 인과 관계를 이해하기 위해서는 논리적 사고가 필요한데, 이 논리적 사고가 가능한 시기는 일반적으로 5세부터 시작됩니다. 따라서 과학 학습은 5세부터 시작하는 것이 좋습니다. 이 시기 과학 학습에 가장 효과적인 방법은 책과 체험을 통한 학습입니다. 또한, 5~7세 아이들은 유아 교육 과정인 '누리과정'을 통해 과학적 사고를 배울 수 있기 때문에, 누리과정과 책, 그리고 가족과 함께하는 즐거운 체험만 잘 활용해도 충분한 과학 학습이 가능합니다.

　단, 5~6세 때의 과학 학습은 두 가지를 염두에 두어야 합니다. 첫째, 이 나이대 아이들은 논리적 사고를 할 수 있지만 아직 그 사고가 익숙하지 않다는 점입니다. 둘째, 논리적 사고의 대상이 구체적이어야 한다는 점입니다. 그래서 5~6세 아이들을 위한 과학 학습은 복잡하지 않고 단순하며, 학습 내용도 구체적이어야 합니다. 단순하고 구체적인 내용을 통해 아이들이 논리적으로 사고할 수 있도록 도와주면, 이러한 경험이 쌓이며 논리적 사고 능력이 점차 향상됩니다. 다행히 과학은 사회보다 구체적인 학습 대상이 풍부하여, 5~6세 아이들을 위한 과학책이 사회책보다 많아 선택의 폭이 넓습니다.

다만, 같은 5~6세 아이들이더라도 학습 성향에 따라 책에 대한 반응이 달라질 수 있습니다. 예를 들어, 이야기를 좋아하는 아이와 새로운 사실을 알게 될 때 재미를 느끼는 아이의 반응은 다를 수 있습니다. 이러한 새로움을 통한 즐거움을 '인지적 재미'라고 부릅니다. 이야기를 좋아하는 아이에게는 정보가 적더라도 동화 형식의 책을, 인지적 재미를 좋아하는 아이에게는 동화가 아니더라도 과학 정보를 쉽게 이해할 수 있는 책을 선택하는 것이 좋습니다. 그리고 책과 관련된 체험을 함께 진행하면 학습 효과가 더욱 커집니다.

따라서 5~6세 때에는 아이에게 어려움 없이 접근할 수 있는 과학적 내용을 다루는 책을 통해 간접 경험을 제공하고, 체험을 통해 직접 경험을 제공하는 방식이 효과적입니다. 이러한 기준에 따르면 물리학, 화학, 지구과학보다는 생명과학 분야에서 학습 대상을 찾는 것이 좋습니다.

7세가 되면 과학 학습도 사회 학습과 마찬가지로 유치원 누리과정과 연계된 독서를 통해 체계적인 학습이 이루어질 수 있습니다. 7세 아이들은 누리과정을 통해 배운 내용을 확장할 수 있는 책을 읽으면서 학습의 체계성을 갖추게 되고, 이를 통해 보다 넓고 깊은 과학적 사고를 기를 수 있습니다.

초등학교 1~2학년 과학 공부 방법

과학은 사회처럼 초등학교 3학년에 본격적으로 시작되지만, 초등학교 1~2학년 때에도 충분히 학습할 수 있습니다. 초등학교 교과서에서는 과학이 사회보다 더 쉽게 다가오며, 아이에 따라 사회보다 과학을 더 어렵게 느끼는 경우도 있지만, 대체로 초등학교 시기에는 과학이 사회보다 쉬운 편입니다. 따라서 아이에 따라서는 초등학교 1학년 때부터 물리학, 화학, 생명과학, 지구과학 4개 영역을 모두 다룬 책에 도전해 볼 수 있으며, 과학실험교실에 다니는 것도 고려해 볼 만합니다. 물론 이는 필수가 아니지만, 초등학교 2학년 때부터는 3학년 과학에 대비해 과학책을 더 많이 읽는 것이 좋습니다. 초등학교 1~2학년 시기에 과학책을 폭넓게 읽은 아이라면 자연스럽게 3학년 과학 학습에 도움이 될 뿐만 아니라, 과학 관련 체험을 많이 했다면 3학년뿐 아니라 4학년 과학도 큰 어려움 없이 학습할 수 있을 것입니다.

과학도 사회처럼 초등학교 1~2학년 때 통합교과와 연계한 독서를 하면 좋습니다. 그러나 사회와는 차이점이 있습니다. 과학은 크게 물리학, 화학, 생명과학, 지구과학의 4개 영역으로 나뉘고, 초등학교 3학년부터 교과서를 통해 이 4개 영역을 고르게 학습합니다. 반면, 초등학교 1~2학년 통합교과에서는 생명과학을 중심으로 다룹니다.

즉, 초등학교 1~2학년 때에는 생명과학 중심의 학습이 이루어지다가 3학년부터 물리학, 화학, 생명과학, 지구과학의 4개 영역이 본격적으로 시작됩니다. 따라서 1~2학년 때 통합교과와 연계한 독서를 진행하면 당장의 학교 수업에 도움이 될 수 있지만, 3~4학년 과학 학습에 대비한 효과는 생명과학 영역에 한정됩니다. 따라서 초등학교 1~2학년, 특히 2학년 때에는 책이나 체험을 통해 과학의 4개 영역을 모두 경험해 두는 것이 좋습니다. 과학책을 폭넓게 읽는다면 문제 없겠지만, 그렇지 않다면 초등학교 3~4학년과 연계된 독서를 진행하는 것이 좋습니다.

초등학교 1~2학년 과학 연계 독서의 핵심은 두 가지입니다. 첫째, 초등학교 3~4학년 과학 내용과 잘 연계된 책을 선택하는 것이고, 둘째, 초등학교 1~2학년 수준의 읽기 능력에 알맞은 책을 선택하는 것입니다. 이 두 가지를 모두 만족하는 책을 선택하는 것이 중요한데, 연계성만을 고려한다면 가장 먼저 떠오르는 것이 '자연관찰' 책입니다. 이는 초등학교 1~2학년 통합교과와 3~4학년 생명과학 영역 모두와 연계되기 때문입니다. 다만, 자연관찰책은 실패 확률이 높은 책 중 하나이므로 책 선택에 신중을 기해야 하며, 기준은 '내 아이가 부담 없이 읽을 수 있는 책'이어야 합니다.

초등학교 3~4학년 과학 공부 방법

초등학교에서 본격적인 학습이 시작되는 시기는 3학년입니다. 이때부터 사회와 과학 과목도 등장하며, 과학은 1~2학년 때 통합교과에서 주로 생명과학을 다루다가 3학년부터 물리학, 화학, 생명과학, 지구과학의 네 가지 영역을 학습하게 됩니다. 이 설명만 보면 3학년 때 과학 학습에 많은 시간을 할애해야 할 것처럼 보이지만, 사실 이 시기에 더 우선순위가 높은 과목이 있습니다. 바로 영어와 수학입니다. 초등학교 3~4학년 때 가장 우선순위는 영어에 있으며, 영어에 가장 많은 시간을 투자하는 것이 좋습니다. 수학은 자기 학년의 내용을 확실히 다지는 것에 집중해야 합니다. 따라서 이 시기의 학습 우선순위는 영어가 1순위, 수학이 2순위이며, 과학은 그다음 순서입니다. 그렇다면 과학 학습은 어떻게 진행하는 것이 좋을까요?

과학도 사회처럼 교과서의 내용을 크게 세 가지 종류로 구분할 수 있습니다.

- **이미 아는 내용** : 철로 된 물체는 자석에 붙습니다.
- **이해할 수 있는 내용** : 자석은 철을 끌어당기는 성질이 있습니다. 그래서 철로 된 물체는 자석에 붙습니다.
- **무조건 암기해야 하는 내용** : 자석의 N극은 항상 북쪽을 가리키고, S극은 항상 남쪽을 가리킵니다. 자석의 이런 성질을 이용해 만든 도구가 나침반입니다.

　　초등학교 과학 학습 능력에 차이가 나는 이유는 사회 과목과 비슷합니다. 사회와 과학 모두 본질적으로 '공간을 이해하는 과목'이기 때문입니다. '사회는 문과, 과학은 이과'라는 구분은 1900년대 방식에 불과하며, 21세기의 4차 산업혁명 시대에는 적합하지 않은 기준입니다. 물론 과학과 사회는 차이점도 있습니다. 가장 큰 차이점은 과학은 자연 현상을 다루기 때문에 인간이 관여하지 않는 반면, 사회는 인간이 만들어 낸 구조와 체계로 이루어진다는 점입니다. 하지만 본질적으로 두 과목 모두 공간을 다루는 학문입니다.

초등학교 과학 학습 능력에 차이가 나는 이유

- **학습 능력이 좋은 아이** : 과학에 대한 배경지식이 많고, 과학 현상에 대한 이해력이 뛰어나며, 암기력도 좋은 아이
- **학습 능력이 중간인 아이** : 과학 배경지식, 과학 현상에 대한 이해력, 암기력 중 일부만 좋은 아이
- **학습 능력이 부족한 아이** : 과학 배경지식, 과학 현상에 대한 이해력, 암기력 모두 부족한 아이

즉, 과학 학습을 잘하려면 배경지식도 어느 정도 갖추고 있어야 하며, 과학 현상에 대한 이해력과 암기 능력도 일정 수준 이상 필요합니다. 하지만 초등학교 3~4학년 과학은 크게 부담스러운 수준이 아닙니다. 교과서에 다루는 과학 내용이 비교적 어렵지 않기 때문에 이 시기의 과학 학습은 무리하지 않고 교과서를 중심으로 기본적인 내용을 확실히 다지는 것이 좋습니다.

초등학교 3학년 수준의 과학 내용

1. 물질의 성질

- 물체를 만드는 재료를 물질이라고 한다. (금속, 플라스틱, 나무, 고무, 밀가루, 유리, 종이, 섬유, 가죽 등)
- **금속의 성질** : 광택이 있고, 단단하다.
- **플라스틱의 성질** : 금속보다 가볍고, 다양한 모양으로 만들기 쉽다.
- **나무의 성질** : 금속보다 가볍고, 고유한 향과 무늬가 있다.
- **고무의 성질** : 쉽게 구부러지고, 늘어났다가 다시 돌아오며, 잘 미끄러지지 않는다.
- **여러 가지 물질을 사용한 물체** : 물체의 기능에 알맞은 물질을 선택하여 만든다. (자전거의 손잡이, 몸체, 안장, 타이어, 체인)
- **한 가지 물질을 사용한 물체** : 종류가 같은 물체라도 그 물체를 이루고 있는 물질에 따라 좋은 점이 서로 다르다. 상황에 알맞게 골라서 사용할 수 있다. (금속 컵, 플라스틱 컵, 유리컵, 도자기 컵, 종이컵)
- 서로 다른 물질을 섞으면 섞기 전에 각 물질이 가지고 있던 색깔, 손으로 만졌을 때의 느낌 등의 성질이 변하기도 한다.

2. 동물의 한살이

- 동물에 따라 암수의 생김새와 역할이 다양하다.

- **생김새** : 사자는 암수의 생김새가 다르다. 개는 암수의 생김새가 비슷하다.
- **역할** : 제비는 암수가 함께 알과 새끼를 돌본다. 곰은 암컷이 새끼를 돌본다. 가시
  고기는 수컷이 알을 돌본다. 거북은 암수 모두 알을 돌보지 않는다.
- **배추흰나비의 한살이** : 번데기 단계가 있는 완전 탈바꿈을 한다. (알 → 애벌레 →
  번데기 → 어른벌레)
- **알을 낳는 동물의 한살이** : 알에서 부화한 병아리는 모이를 먹고 자라면서 솜털이
  깃털로 바뀐다. 다 자라면 암컷이 알을 낳을 수 있다. (알 → 병아리 → 큰 병아리 → 다
  자란 닭)
- **새끼를 낳는 동물의 한살이** : 강아지는 어미젖을 먹고 자라며, 이빨이 나면 먹이를
  씹어 먹는다. 다 자라면 짝짓기를 하여 암컷이 새끼를 낳는다. (갓 태어난 강아지 → 큰
  강아지 → 다 자란 개)

3. 자석의 이용

- 철로 된 물체는 자석에 붙는다.
- 자석의 극은 두 개이며, 막대자석의 극은 양쪽 끝부분에 있다.
- 자석은 같은 극끼리는 서로 밀어 내고 다른 극끼리는 서로 끌어당긴다.
- 물에 띄운 자석과 나침반 바늘은 북쪽과 남쪽을 가리킨다.
- 자석 주위에 놓인 나침반 바늘은 자석의 극을 가리킨다.
- 자석의 성질을 이용하면 우리 생활에 편리한 여러 가지 도구를 만들 수 있다. (자석
  클립 통, 자석 걸고리, 자석을 이용한 스마트폰 거치대, 자석 필통)

4. 지구의 모습

- 지구는 둥근 공 모양이고, 지구 표면에는 산, 들, 강, 호수, 바다 등이 있다.
- 달은 둥근 공 모양이고, 달 표면에는 달의 바다라고 불리는 어두운 부분, 크고 작은
  충돌 구덩이 등이 있다.
- 지구는 바다가 육지보다 더 넓다.

- 바닷물은 짠맛이 나는 소금 등 여러 가지 물질이 많이 녹아 있어서 사람들이 마시기에 적당하지 않다.
- 지구에는 공기가 있어 생물이 살 수 있다.
- 사람들은 다양한 방법으로 공기를 이용하고 있다. (연날리기, 물놀이할 때 튜브 사용)

초등학교 1~2학년 때 과학을 대비하는 가장 좋은 방법은 다양한 과학책을 많이 읽는 것입니다. 과학 관련 책을 폭넓게 읽으면 더욱 좋고, 3~4학년 과학 교과 내용과 연계된 독서도 효과적인 방법입니다. 이는 3~4학년 과학 교과 내용이 상대적으로 난이도가 높지 않고, 분량도 많지 않기 때문입니다. 3~4학년 과학 수업 전에 관련 내용을 책이나 체험을 통해 미리 접하고, 이를 통해 배경지식을 쌓고 과학 정보를 이해하는 능력을 기르게 된다면, 수업 시간에 선생님의 설명이 어렵지 않게 느껴져 3~4학년 과학을 무난하게 학습할 수 있습니다. 따라서 초등학교 1~2학년 때의 독서 경험이 3~4학년 사회와 과학 과목을 쉽게 느끼게 할 수도 있고, 반대로 어렵게 느끼게 할 수도 있는 것입니다.

앞에서 사회 성적을 좌우하는 세 가지 요소로 '배경지식, 이해력, 암기력'을 들었는데, 과학 역시 마찬가지입니다. 초등학교 1~2학년, 특히 2학년 때 과학 독서와 체험을 통해 어느 정도 배경지식을 쌓고, 이를 통해 과학 정보를 이해하는 능력을 키우는 것이 좋습니다. 3~4학년 과학 학습이 시작되면 사회 파트에서 설명한 세 가지 암기법을 적용해 과학 지식도 꾸준히 암기해야 합니다. 그러면 과학을 잘할 수 있게 됩니다. 반대로 '배경지식, 이해력, 암기력' 중 한 가지가 부족하면 학습에 부담을 느끼기 쉽고, 두 가지가 약하면 부담이 커지며, 세 가지 모두가 부족하면 과학이 어렵게 느껴져 싫어질 수도 있습니다. 따라서 아이가 초등학교 3학년 이상이라면, 우선 현재 과학 학습 능력이 어느 정도인지 파악하는 것이 필요합니다. 그래야 아이에게 맞는 학습 방법과 적절한 분량, 난이도를 설정할 수 있습니다.

효과적인 초등학교 3~4학년 과학 학습법

- 초등학교 2~3학년 때 과학 책을 많이 읽어 기초 배경지식을 쌓고, 과학 정보를 이해하는 능력을 기릅니다. ⇒ 이미 아는 내용이 많아짐
- 이해할 수 있는 내용은 단순 암기가 아닌 '이해하고 암기하며 설명하기' 방식으로 학습합니다. ⇒ 아는 내용이 더 많아짐
- 무조건 암기해야 하는 내용은 '연상법'과 '회독법'을 활용해 최대한 열심히 암기합니다. ⇒ 동기부여가 중요

또한, 실제로 3~4학년 과학 수업이 시작되면 과학 공부를 할 때 '설명하기'를 해 보아야 합니다. 지식은 '아는 지식'과 '안다고 착각하는 지식'으로 나뉠 수 있습니다. 학교 수업, 인터넷 강의, 학원 강의를 들을 때 선생님이 설명을 잘 해 주시면 대부분 이해할 수 있고, 이해한 내용 중 일부는 장기 기억에 저장되기도 합니다. 그러나 대부분의 정보는 며칠 지나면 기억에서 사라지기 쉬운데, 이것이 바로 '안다고 착각하는 지식'입니다. 이 때문에 복습이 중요합니다. 혼자 학습할 때도 교과서나 참고서를 읽고 이해하며 암기하더라도, 학습한 모든 내용이 장기 기억에 저장되는 것은 아닙니다. 그러나 학습 순간에는 마치 모든 내용을 알고 있는 듯한 착각이 들 수 있습니다.

'아는 지식'과 '안다고 착각하는 지식'을 구분하는 방법은 간단합니다. 바로 설명을 해 보는 것입니다. 과학 학습을 할 때 읽고, 이해하고, 암기까지 했다면 반드시 설명해 보아야 합니다. 이 과정을 통해 추가 학습이 필요한 부분을 찾을 수 있으며, 학습한 내용을 정리할 수 있고, 서술형 주관식 문제 대비 능력도 키울 수 있습니다.

초등학교 3학년 2학기와 4학년 과학 교과서에 나오는 내용 및 관련 학습 난이도를 참고해 연계 독서를 위해 적합한 책을 선택할 때 활용하시기 바랍니다.

초등학교 3학년 과학 교과 관련 중요 내용

1. 동물의 생활

- **동물의 특징에 따른 분류** : 날개가 있는 것과 없는 것, 다리가 있는 것과 없는 것, 물속에서 살 수 있는 것과 없는 것
- **땅에서 사는 동물** : 다리가 있는 동물은 걷거나 뛰어다니고 다리가 없는 동물은 기어 다닌다. 사막에는 사막여우, 낙타, 도마뱀 등 다양한 동물이 산다.
- **물에서 사는 동물** : 붕어와 같은 물고기는 지느러미가 있어 헤엄을 친다. 다슬기나 전복은 물속에서 기어 다닌다.
- **날아다니는 동물** : 박새와 같은 새나 잠자리와 같은 곤충은 날개가 있어 날아다닌다.
- **우리 생활에서 동물의 특징을 활용한 예** : 문어 발판의 특징을 활용한 칫솔걸이, 수리발의 특징을 활용한 집게 차

2. 지표의 변화

- **흙이 만들어지는 과정** : 바위나 돌이 작게 부서진 알갱이와 생물이 썩어 생긴 물질들이 섞여서 흙이 된다.

- **운동장 흙과 화단 흙** : 운동장 흙은 알갱이의 크기가 크고, 물이 빠르게 빠진다. 화단 흙은 알갱이의 크기가 작고, 부식물이 많아 식물이 잘 자란다. (부식물 : 식물의 뿌리나 죽은 곤충, 나뭇잎 조각 등이 썩은 것)
- **흐르는 물은 땅 표면을 어떻게 변화시킬까?**
  - 흐르는 물은 바위나 돌, 흙 등을 깎아 낮은 곳으로 운반해 쌓아 놓는다.
  - **침식 작용** : 흐르는 물에 의해 지표의 바위나 돌, 흙 등이 깎여 나가는 것이다.
  - **퇴적 작용** : 흐르는 물에 의해 운반된 돌이나 흙이 쌓이는 것이다.
- **강 주변의 모습(강 주변의 지형)**
  - **강 상류** : 침식 작용이 활발해 지표를 깎는다.
  - **강 하류** : 퇴적 작용이 활발해 물질이 쌓인다.
  - 강 주변 모습은 흐르는 물의 작용으로 오랜 시간에 걸쳐 조금씩 변한다.
- **바닷가 주변의 모습(바닷가 주변의 지형)**
  - **침식 작용이 만든 지형** : 바위에 구멍을 뚫거나 가파른 절벽을 만든다.
  - **퇴적 작용이 만든 지형** : 모래 해변이나 갯벌을 만든다.
  - 바닷가 지형은 바닷물의 작용으로 오랜 시간에 걸쳐 조금씩 변한다.

3. 물질의 상태

- **고체의 성질** : 담는 그릇이 바뀌어도 모양과 부피가 일정한 물질의 상태이다. 나무, 플라스틱 등 (부피 : 물질이 차지하는 공간의 크기)
- **액체의 성질** : 담는 그릇에 따라 모양은 변하지만 부피는 변하지 않는 물질의 상태이다. 물, 주스 등
- **기체의 성질** : 공간을 차지하며, 다른 곳으로 이동할 수 있고, 무게가 있다. 담는 그릇에 따라 모양과 부피가 변하고 담긴 그릇을 항상 가득 채우는 물질의 상태이다. 공기 등

4. 소리의 성질

- **물체에서 소리가 날 때의 공통점** : 물체가 떨린다. (스피커 등)

- 소리는 공기, 철, 물 등과 같이 여러 가지 물질을 통해 전달된다.

- **소리의 세기** : 큰 소리와 작은 소리로 나뉜다. 작은북을 약하게 치면 북이 작게 떨리면서 좁쌀이 낮게 튀어 오른다(작은 소리).

- **소리의 높낮이** : 높은 소리와 낮은 소리로 나뉜다. 실로폰은 음판의 길이에 따라 소리의 높낮이가 달라진다.

- 소리가 물체에 부딪치면 반사된다.

- **소음을 줄이는 방법** : 소음을 일으키는 원인을 없애거나 소리의 전달을 막는다. 또한 소리의 반사를 이용해 소음을 줄일 수 있다(도로 방음벽 설치).

초등학교 4학년 과학 교과 관련 중요 내용

1. 지층과 화석

(1) 지층은 자갈, 모래, 진흙 등으로 이루어진 암석들이 층을 이루고 있는 것이다. (수평인 지층, 끊어진 지층, 휘어진 지층)

(2) 지층이 만들어져 발견되는 과정

❶ 물이 운반한 자갈, 모래, 진흙 등이 쌓인다.

❷ 자갈, 모래, 진흙 등이 계속 쌓이면 먼저 쌓인 것들이 눌린다.

❸ 오랜 시간이 지나면 단단한 지층이 만들어진다.

❹ 지층은 땅 위로 솟아오른 뒤 깎여서 보인다.

(3) 물이 운반한 자갈, 모래, 진흙 등의 퇴적물이 굳어져 만들어진 암석을 퇴적암 이라고 한다. 대부분의 지층은 퇴적암으로 이루어져 있다.

(4) 퇴적암 : 이암, 사암, 역암 등

- 이암 : 진흙과 같이 작은 알갱이로 되어 있다.

- 사암 : 주로 모래로 되어 있다.

- 역암 : 주로 자갈, 모래 등으로 되어 있다.

(5) 퇴적암이 만들어지는 과정 : 퇴적물은 그 위에 쌓이는 퇴적물이 누르는 힘 때문에
   알갱이 사이의 공간이 좁아지고, 녹아 있는 여러 가지 물질이 알갱이들을 서로 붙여
   단단한 퇴적암이 된다.

(6) 화석 : 옛날에 살았던 생물의 몸체와 생물이 생활한 흔적이 남아 있는 것

(7) 화석이 만들어져 발견되는 과정

   ❶ 죽은 생물이나 나뭇잎 등이 호수나 바다의 바닥으로 운반된다.

   ❷ 그 위에 퇴적물이 두껍게 쌓인다.

   ❸ 퇴적물이 계속 쌓여 지층이 만들어지고 그 속에 묻힌 생물이 화석이 된다.

   ❹ 지층이 높게 솟아오른 뒤 깎인다.

   ❺ 지층이 더 많이 깎여 화석이 드러난다.

(8) 화석의 이용

- 화석을 이용하여 옛날에 살았던 생물의 생김새와 생활 모습, 화석이 발견된 지역의
   당시 환경을 짐작할 수 있다.

- 화석은 지층이 쌓인 시기를 알려 주고, 석탄, 석유와 같은 화석 연료는 우리 생활에서
   유용하게 이용된다.

2. 식물의 한살이

- 강낭콩의 한살이 : 씨 → 싹이 튼다. → 잎과 줄기가 자란다. → 꽃이 피고 열매를
   맺는다. → 씨

- 씨가 싹 터서 자라는 데 필요한 조건 : 적당한 양의 물, 적당한 온도, 빛

- **꽃과 열매** : 식물이 자라면 꽃이 피고, 꽃이 지면 열매가 생깁니다. 그리고 열매 속에는 씨가 들어 있습니다. 씨에서 다시 싹이 트고 자라 열매를 맺습니다.
- **한해살이 식물** : 한 해 동안 씨가 싹 터서 자라며, 꽃이 피고 열매를 맺어 씨를 만들고 일생을 마친다. (예 : 벼)
- **벼의 한살이** : 씨 → 싹이 튼다. → 잎과 줄기가 자란다. → 꽃이 핀다. → 열매를 맺어 씨를 만든다.
- **여러해살이 식물** : 여러 해 동안 살면서 한살이의 일부를 반복한다. (예 : 감나무)
- **감나무의 한살이** : ❶ 잎과 줄기가 자란다. → ❷ 몇 년 동안 적당한 크기의 나무로 자란다. → ❸ 잎과 줄기가 자란다. → ❹ 꽃이 핀다. → ❺ 꽃이 지고 열매를 맺는다. → ❻ 열매가 자란다. → ❼ 겨울을 보낸다. → ❽ 이듬해 봄에 새순이 나온다. → ❸~❽ 과정 여러 해 반복

3. 물체의 무게

- **무게** : 지구가 물체를 끌어당기는 힘의 크기. 단위는 g중, kg중, N 등
- **저울** : 물체의 무게를 쉽고 정확하게 측정할 수 있도록 만든 도구, 물체의 무게를 정확하게 알기 위해 저울을 사용한다.
- **우리 생활에서 물체의 무게를 측정하는 예**
  - 상품의 무게에 따라 가격을 다르게 정할 때
  - 정해진 무게의 재료를 사용해 상품을 만들 때
  - 태권도나 유도 등과 같은 운동 경기에서 선수들의 몸무게에 따라 체급을 나눌 때
- **용수철저울** : 용수철의 성질을 이용한 저울
  - 용수철에 걸어 놓은 추의 무게가 일정하게 늘어나면, 용수철의 길이도 일정하게 늘어난다.
  - 용수철저울로 물체의 무게를 측정할 때에는 용수철저울의 고리에 물체를 걸어 놓은 다음, 표시 자가 가리키는 눈금의 숫자를 단위와 같이 읽는다.

- **수평 잡기의 원리**
- 무게가 같은 물체는 각각의 물체를 받침점으로부터 같은 거리에 놓아야 나무판자가 수평을 잡을 수 있다.
- 무게가 다른 물체는 무거운 물체를 가벼운 물체보다 받침점에 가까이 놓아야 나무판자가 수평을 잡을 수 있다.
- **양팔저울**
- 양팔저울은 수평 잡기의 원리를 이용한 저울이다.
- 양팔저울로 여러 가지 물체의 무게를 비교하려면 두 물체를 저울접시 양쪽에 각각 올려놓고 저울대가 어느 쪽으로 기울었는지 관찰하거나 무게가 일정한 물체를 사용해 비교한다.

4. 혼합물의 분리
- **혼합물** : 두 가지 이상의 물질이 성질이 변하지 않은 채 서로 섞여 있는 것
- **김밥** : 김, 밥, 단무지, 달걀, 당근, 시금치 등 여러 가지 재료로 만든다.
- **팥빙수** : 과일, 팥, 얼음 등 여러 가지 재료로 만든다.
- **혼합물을 분리하면 좋은 점** : 원하는 물질을 얻을 수 있고, 이를 우리 생활의 필요한 곳에 이용할 수 있다.
- **혼합물의 분리 방법**
- **콩, 팥, 좁쌀의 혼합물** : 알갱이의 크기가 다른 고체 혼합물은 체를 사용하여 분리할 수 있다.
- **플라스틱 구슬과 철 구슬의 혼합물** : 철로 된 물질이 섞여 있는 혼합물은 철이 자석에 붙는 성질을 이용하여 분리할 수 있다.
- **소금과 모래의 혼합물** : 거름 장치와 증발 장치로 분리할 수 있다.

5. 식물의 생활

- 식물은 잎의 전체적인 모양, 끝 모양, 가장자리 모양 등 잎의 생김새에 따라 분류할 수 있다.

- **잎의 생김새** : 잎몸, 잎자루, 잎맥(잎에서 선처럼 보이는 것)

- **들이나 산에 사는 식물**

- 대부분 땅에 뿌리를 내리며, 줄기와 잎이 잘 구분된다.

- 풀은 대부분 한해살이 식물이지만 나무는 모두 여러해살이 식물이다.

- **강이나 연못에 사는 식물**

- **물속에 잠겨서 사는 식물** : 줄기가 물의 흐름에 따라 잘 휜다. 물수세미, 나사말, 검정말 등

- **물에 떠서 사는 식물** : 수염처럼 생긴 뿌리가 물속으로 뻗어 있다. 개구리밥, 물상추, 부레옥잠 등

- **잎이 물에 떠 있는 식물** : 잎과 꽃이 물 위에 떠 있고, 뿌리가 물속의 땅에 있다. 수련, 가래, 마름 등

- **잎이 물 위로 높이 자라는 식물** : 뿌리는 물속이나 물가의 땅에 있다. 연꽃, 부들, 창포 등

- **사막에 사는 식물** : 선인장의 굵은 줄기는 물을 저장할 수 있고, 가시 모양의 잎은 동물로부터 선인장을 보호한다. 사막에 사는 식물로는 기둥선인장, 용설란, 금호선인장, 바오바브나무 등이 있다.

- 식물은 사는 곳에 따라 생김새와 생활 방식이 다르다.

- **우리 생활에서 식물의 특징을 활용한 예**

- 단풍나무 열매의 생김새를 활용한 날개가 하나인 선풍기

- 연꽃잎의 특징을 활용한 물이 스며들지 않는 옷

6. 물의 상태 변화

- 물이 얼면 부피는 늘어나고, 얼음이 녹으면 부피는 줄어든다.

- 물이 얼면 무게는 변하지 않고, 얼음이 녹아도 무게는 변하지 않는다.

- 물이 증발하거나 끓으면 수증기로 변해 공기 중으로 흩어진다.
- **차가운 컵 표면에서의 변화**
- 시간이 지나면 차가운 주스가 든 플라스틱 컵 표면에 물방울이 맺힌다.
- 처음과 비교해 컵의 무게가 늘어난다.
- 공기 중의 수증기가 응결해 물이 된다.
- **우리 생활에서 물의 상태가 변하는 예**
- **물이 얼음이 되는 상태 변화** : 한겨울에 물이 얼어 수도 계량기가 파손, 얼음 작품 만들기, 스키장에서 인공 눈 만들기
- **물이 수증기가 되는 상태 변화** : 식품 건조기로 음식 재료 말리기, 물을 끓여 음식 찌기, 스팀다리미로 옷 다리기

7. 그림자와 거울

- **그림자가 생기는 까닭**
- 물체에 빛을 비추면 물체 뒤쪽에 그림자가 생긴다.
- 직진하는 빛이 물체를 통과하지 못하면 물체 모양과 비슷한 그림자가 물체의 뒤쪽에 있는 스크린에 생긴다.
- **그림자의 크기 변화시키기**
- 물체와 스크린은 그대로 두고 손전등을 물체에 가깝게 하면 그림자의 크기는 커진다.
- 물체와 스크린은 그대로 두고 손전등을 물체에서 멀게 하면 그림자의 크기는 작아진다.
- **거울의 성질**
- 빛이 나아가다가 거울에 부딪치면 거울에서 빛이 반사되어 나온다.
- 거울에 비친 물체의 모습은 실제 물체와 색깔이 같다.
- 거울에 비친 물체의 모습은 상하는 바뀌어 보이지 않지만 좌우는 바뀌어 보인다.
- **우리 생활에서 거울의 이용** : 세면대 거울, 자동차 뒷거울, 무용실 거울, 미용실 거울, 옷 가게 거울, 승강기 안 거울

8. 화산과 지진

- **화산** : 마그마가 분출하여 생긴 지형. 땅속 깊은 곳에서 암석이 녹은 것을 마그마라고 한다.

- **화산 활동으로 나오는 물질** : 기체인 화산 가스, 액체인 용암, 고체인 화산재와 화산 암석 조각 등

- 화산 활동은 우리 생활에 피해를 주기도 한다(산불). 하지만 이로운 점도 있다(온천).

- **지진** : 땅이 지구 내부에서 작용하는 힘을 오랫동안 받아 끊어지면서 흔들리는 것을 지진이라고 한다.

- **지진이 발생했을 때 대처법**

- **지진으로 흔들릴 때** : 학교에서는 책상 밑으로 들어가 머리를 보호한다.

- **흔들림이 멈추었을 때** : 건물에서는 승강기 대신 계단을 이용한다. 학교에서는 선생님의 지시에 따라 신속하게 대피한다.

9. 물의 여행

- **물의 순환** : 물이 상태를 바꾸면서 육지, 바다, 공기 중, 생명체 등 여러 곳을 끊임없이 돌고 도는 과정

- 물은 증발, 응결 과정 등을 거쳐 상태가 변하면서 이동한다.

- 물은 순환하지만 지구 전체 물의 양은 변하지 않는다.

- **물의 다양한 이용 사례** : 물건 만들 때, 지표면의 모양 변화, 생선 보관, 설거지 및 청소, 전기 생산, 생명 유지, 농작물 재배 등

- 물은 식물이나 동물의 몸속을 순환하면서 생명을 유지시킨다.

- **물 부족 현상의 원인**

- 비가 적게 내리고, 너무 더워서 물이 빨리 증발한다.

- 인구가 증가해 물 이용량이 늘어난다.

- 공장이 많아져서 물 이용량과 폐수도 늘어난다.

- 물을 아껴 쓰지 않는다.

• **물 부족 현상의 해결 방법** : 양치할 때 컵 사용하기, 기름기 있는 그릇은 휴지로 닦고 설거지하기, 빗물을 모아 화단을 가꾸거나 청소할 때 이용하기, 샤워 시간 줄이기

이처럼 초등학교 4학년 과학은 3학년 과학에 비해 상대적으로는 학습 분량이 좀 많지만 절대적으로 많은 것은 아니며, 난이도도 높지 않기 때문에 부담감을 가질 필요는 없습니다. 중요한 것은 제대로 학습해 보는 것입니다.

초등학교 5~6학년 과학 공부 방법

초등학교 5~6학년에서 사회와 과학을 비교해 보면, 대부분 사회가 과학보다 더 어렵게 느껴집니다. 5~6학년 사회는 3~4학년 사회에 비해 학습량이 많아지고 난이도도 높아지며, 한국사까지 다루게 됩니다. 반면, 5~6학년 과학은 3~4학년 과학에 비해 학습량이 다소 늘어나지만, 사회만큼 많아지지는 않고 난이도 또한 사회만큼 크게 높아지지 않습니다. 따라서 3~4학년 때 과학 학습을 잘 해 둔 아이라면 5~6학년 과학에서 갑작스러운 어려움을 느끼지는 않을 것입니다.

초등학교 5~6학년 과학의 어휘 수준

온도, 알코올 온도계, 고체에서 열의 이동, 전도, 액체에서 열의 이동, 대류, 태양계, 행성, 천체, 수성, 금성, 지구, 화성, 목성, 토성, 천왕성, 해왕성, 혜성, 별과 별자리, 북두칠성, 작은곰자리, 카시오페이아자리, 북극성, 북극성 찾기, 용질, 용매, 용해, 용액, 용해되는 양, 용액의 진하기, 균류(곰팡이, 버섯), 원생생물(짚신벌레, 해캄), 세균, 지구의 자전,

다만, 5~6학년 과학은 3~4학년 과학에 비해 '이해하고 암기하기'의 중요성이 더 커집니다. 예를 들어 "태양계는 태양, 행성, 위성, 소행성, 혜성 등으로 구성된다" 라는 내용을 학습할 때 단순히 암기하려 하면 헷갈리기 쉽고 암기해야 할 내용도 많아집니다. 예를 들어, 지구는 행성이고, 달은 위성입니다. 어떤 것을 행성이라 하고, 어떤 것을 위성이라 할까요?

행성과 위성

• **행성** : 태양의 주위를 도는 둥근 천체. ⇒수성, 금성, 지구, 화성, 목성, 토성, 천왕성, 해왕성
• **위성** : 행성의 주위를 도는 천체. ⇒달 등

이때 행성行星은 '다닐 행行' + '별 성星'으로, 수성, 금성, 지구처럼 태양 주위를 크게 도는 천체를 의미합니다. 위성衛星은 '지킬 위衛' + '별 성星'으로, 달처럼 행성 주위를 돌며 지켜주는 천체를 의미합니다. 이런 식으로 개념을 이해하면 행성과 위성의 차이를 쉽게 알 수 있으며, 소행성이 무엇인지도 쉽게 이해할 수 있습니다. 즉, 소행성은 크기가 작은 행성으로, 태양의 주위를 돌며 주로 화성과 목성 사이에 존재하는 천체입니다. 인공위성의 개념도 자연스럽게 이해할 수 있습니다.

또 하나의 예를 들어보겠습니다. 물에 소금을 넣고 잘 섞으면 소금이 녹는 현상이 발생하는데, 이를 '용해'라고 합니다. 일반적으로 물의 온도가 높을수록 소금이 더 많이 용해됩니다. 왜 그럴까요? 용해란 소금 알갱이가 물 알갱이 사이로 들어가 골고루 섞이는 현상입니다. 온도가 높아지면 물 알갱이 사이의 공간이 넓어지면서 소금 알갱이가 더 많이 들어갈 수 있습니다. 이 때문에 물의 온도가 높을수록 소금이 더 많이 용해됩니다.

이처럼 초등학교 5~6학년 과학은 '이해하고 암기하기'를 잘 해서 학습 효율을 높이는 것이 중요합니다. 새로운 어휘가 나오면 그 어휘의 한자 의미를 찾아보고, 이를 적용해 개념을 이해하는 것도 좋은 학습 방법입니다.

한자 의미를 활용한 과학 어휘 이해

- **용해** : 녹을 용(溶) + 풀 해(解) ⇒ 물질이 다른 물질에 녹아 골고루 섞이는 현상
- **용액** : 녹을 용(溶) + 진액 액(液) ⇒ 녹는 물질이 용매에 골고루 섞여 있는 혼합물
- **용질** : 녹을 용(溶) + 품질 질(質) ⇒ 녹아 들어가는 물질 (예 : 소금)
- **용매** : 녹을 용(溶) + 중개 매(媒) ⇒ 다른 물질을 녹이는 물질 (예 : 물)

이제 초등학교 5~6학년 때 과학 공부를 잘할 수 있는 조건을 정리해 보겠습니다.

첫째, 초등학교 3~4학년 때 과학을 잘 학습해 둔 경험이 있어야 합니다. 이렇게 해야 5~6학년 과학에서 무조건 암기에 의존하지 않게 됩니다.

둘째, 기본적인 배경지식과 어휘력이 어느 정도 갖추어져 있어야 합니다. 예를 들어, 산소와 이산화탄소의 개념을 이해하고 있는 아이와 그렇지 않은 아이가 느끼는 5~6학년 과학의 난이도 차이는 상당할 것입니다.

셋째, 과학적 개념을 이해하고 암기하는 능력이 뒷받침되어야 합니다. 이를 통해 높아진 난이도와 늘어난 학습량을 소화할 수 있습니다. 이 세 가지 조건을 바탕으로 아이별 5~6학년 과학 학습법을 정리할 수 있습니다.

앞서 언급한 것처럼, 일반적으로 초등학교 5학년의 학습 우선순위는 수학과 영어입니다. 초등학교 6학년이 되면 수학이 1순위, 영어가 2순위가 됩니다. 따라서 과학 학습에 많은 시간을 할애하기 어렵습니다. 이러한 상황에서 아이별 학습법을 다음과 같이 정리할 수 있습니다. 단, 이는 일반적인 기준이므로 개별 아이에 맞게 조정이 필요합니다.

아이별 초등학교 5~6학년 과학 학습법

1. 준비가 잘 되어 있는 아이

수업 시간에 집중만 잘한다면 굳이 예습할 필요가 없습니다. 수업 내용을 잘 필기하고 단원평가 전 교과서 중심으로 복습하며, 문제집의 단원평가 문제만 풀어도 80~90점은 어렵지 않게 받을 수 있습니다.

2. 세 번째 조건(이해 능력과 암기력)만 아쉬운 아이

수업 중 어렵게 느껴지는 부분만 복습하고, 나머지 부분은 위 1번과 동일한 방법으로 학습합니다.

3. 세 가지 조건 중 한 가지만 괜찮은 아이

5학년 1학기 동안 간단한 예습과 성실한 복습을 진행합니다. 예습은 교과서 내용 중 핵심 어휘의 개념을 파악하는 정도로 하며, 복습에서는 수업 시간에 배운 내용을 설명해 봅니다. 이렇게 1학기를 학습한 후, 2학기부터는 과학 학습 능력의 향상 정도에 따라 학습량을 서서히 줄여줍니다.

4. 세 가지 조건 모두 부족한 아이

교과 내용 전체를 제대로 학습하기는 어려우므로, 1~2개 단원만이라도 제대로 학습하는 것이 좋습니다. 단원 선택 시 1순위는 아이의 흥미이며, 흥미를 느끼는 단원이 없다면 암기가 많은 생명과학보다는 화학이나 물리학 단원을 선택하는 것이 더 좋을 수 있습니다.

앞서 언급했듯이, 대학 입시의 수시 전형에서는 고등학교 학생부만을 평가하므로 초등학교 때 과학 성적이 대학 입시에 직접적인 영향을 주지는 않습니다. 그러나 공부는 초등학교 때 경험을 쌓은 아이가 고학년에서도 성취하기 쉬운 경향이 있습니다. 따라서 초등학교 시기의 과학 공부는 점수보다는 '의미 있는 학습 경험 쌓기'에 중점을 두고, 아이에 맞는 학습 분량을 설정해 진행하는 것이 효과적인 과학 학습법입니다.

📝 Q&A

Q. 초등학교 1~2학년 때 과학 실험 수업을 꼭 받아야 하나요?

A. 초등학교 3학년 교과서를 보면 과학 교과서와 실험 관찰 교과서가 따로 있어 과학 실험 수업이 중요하게 느껴질 수 있습니다. 초등학교 1~2학년 때 미리 경험해두면 좋지만, 반드시 해야 하는 것은 아닙니다. 과학의 실험이 사회 과목의 탐구 활동과 같은 성격인데, 과학은 실험 교과서가 따로 있는 반면 사회는 탐구 활동이 사회 교과서 안에 포함되어 있습니다. 교과서가 별도로 되어 있다고 해서 더 중요하다고 볼 수는 없습니다.

과학 실험과 사회 탐구 활동이 진정으로 중요한 1순위라면, 독서, 영어, 수학보다도 과학 실험과 탐구 활동을 우선시해야 할 것입니다. 그러나 현실적으로 독서, 국어, 영어, 수학이 더 중요하게 여겨지는 이유는 과학 실험과 사회 탐구 활동을 잘하기 위해서는 기본적으로 언어 능력 특히 읽기 능력과 사고 능력이 필요하기 때문입니다. 유아~초등학교 2학년 시기에는 이 능력들을 독서, 국어, 수학을 통해 길러야 하므로 과학 실험과 사회 탐구 활동은 선택 사항입니다. 이를 위해 고려해야 할 세 가지 조건은 다음과 같습니다. '첫째, 아이가 좋아하는가? 둘째, 중요한 1순위 학습에 지장이 없는가? 셋째, 경제적 부담이 없는가?'

📝 Q&A

Q. 초등학교 3~4학년 과학 실험 학습은 어떻게 해야 하나요?

A. 본질적으로 모든 아이가 과학 실험을 경험해 보면 좋습니다. 과학은 실험을 통해 원리나 법칙을 직접 확인하고 이해해 지식으로 남기는 것이 가장 효과적입니다. 다만, 초등 시기에는 과학이 1순위가 아니므로 과학 실험에 너무 많은 시간을 들이면 시기별 1순위 학습에 영향을 줄 수 있습니다.

현재 과학 시험이 지식 확인 위주라는 점도 실험 학습의 필요성을 애매하게 만드는 요소입니다. 만약 과학 평가에서 실험 수행 능력의 비중이 높다면, 실험을 체계적으로 경험하여 수행 능력을 기르는 것이 중요할 것입니다. 그러나 현재로서는 과학 시험이 객관식 또는 주관식 문제 위주이기 때문에 실험을 별도로 진행하기보다, 교과서 실험 내용을 잘 이해하고 암기하는 방식이 현실적입니다. 예를 들어, 해당 실험의 목표, 실험 방법, 결과 해석을 잘 기억하면 시험에서도 좋은 성적을 받을 수 있습니다.

단, 아이가 과학을 좋아하고 실험을 통해 이해를 넓히며 과학자를 진지한 장래 희망으로 삼는다면, 성적보다 진로와 적성이 더 중요하므로 과학 실험 경험이 국·영·수보다 우선시될 수 있습니다. 아이의 특성을 정확히 파악한 후, 과학 실험 학습 방식을 결정하는 것이 현명한 판단입니다.

행공신 0.1% 초등 한국사

PART 09

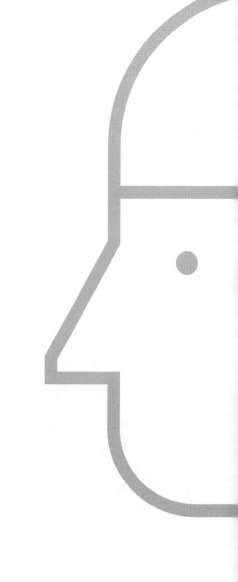

| 한국사, 역사를 알면 쉽다

역사 학습의 본질적인 중요성은 무엇일까요? 여러 가지 이유가 있지만, 그 중에서도 '현명함과 통찰력'의 중요성을 이해하는 것만으로도 역사 학습의 가치를 알 수 있습니다. 즉, 역사 공부를 통해 현명함과 통찰력을 기르면 '과거를 알면 현재를 이해할 수 있고, 미래를 예측할 수 있다'는 말의 의미를 체감하게 됩니다. 대표적인 사례로 '명절 증후군'을 들 수 있습니다.

우리나라의 최대 명절인 설날과 추석은 각자 바쁘게 지내던 가족들이 모여 관계를 돈독히 하는 날입니다. 하지만 현실에서는 크고 작은 다툼과 갈등으로 오히려 관계가 악화되거나, 심한 경우 단절되는 일까지 발생합니다. 이처럼 명절에 느끼는 갈등을 보여주는 대표적인 키워드가 바로 '명절 증후군'입니다. 왜 우리나라의 최대 명절에 이런 문제가 발생하게 된 걸까요?

명절 증후군의 주요 원인은 명절 동안 여성은 일하고 남성은 쉬기 때문입니다. 모두 함께 일하고 즐겼다면 이러한 증후군은 생기지 않았을 것입니다. "왜 남성은 쉬기만 하나요?"라고 물으면 뚜렷한 이유를 설명하지 못하고, 마치 원래 그랬던 것처럼 여깁니다. 그렇다면 과연 우리나라에서 고조선이나 구석기 시대부터 이런 일이 있었을까요? 만약 구석기 시대부터 이랬다면 "원래 그런 것"이라는 주장이 틀리다고 할 수는 없을 겁니다. 그러나 실상은 그렇지 않습니다.

구석기 시대에는 남녀 모두가 일을 해야 했습니다. 남성은 주로 사냥을, 여성은 채집과 가족 돌보기를 맡았습니다. 청동기와 철기 시대에도 남녀가 각자 맡은 일을 하며 함께 노동에 참여했습니다. 남성은 사냥이나 전투, 농사를, 여성은 농사와 채집, 가족 돌보기를 했습니다. 고조선, 삼국, 고려 시대에도 역할에는 변화가 있었지만 함께 일하는 것은 변함이 없었고, 명절이나 절기에도 여자만이 일하지는 않았습니다. 그러나 조선 시대에 들어서면서 남녀 간의 평등 차이가 점차 커지기 시작했습니다.

예를 들어, 고려 시대에는 족보에 딸과 사위의 이름을 기록했지만, 조선 시대에는 딸과 사위의 이름이 배제되었습니다. 또한 고려 시대에는 부모의 재산을 아들과 딸에게 고르게 나누었지만, 조선 시대에는 주로 아들이 상속을 받았습니다. 심지어 딸이 결혼하면 '출가외인出嫁外人'이라는 표현을 썼을 정도로, 시집간 딸을 가족이 아닌 타인으로 여기는 남녀 차별이 심화되었습니다. 이는 유교가 대중화되는 과정에서 나타난 문제입니다. 조선 시대에 유교가 사회 이념으로 자리 잡으며 사회적 발전을 이룬 측면이 있지만, 그 과정에서 문제가 발생하기도 했습니다. 다만, 이러한 현상은 유교 자체의 한계라기보다는 모든 사회 현상에는 장단점이 있기 때문이라고 할 수 있습니다.

본질적으로 인간은 나이, 성별, 직업, 종교와 상관없이 모두 평등한 존재입니다. 따라서 차별이 심화되었다는 것은 발전이 아닌 퇴보이며, 이는 계승할 것이 아니라 개선해야 할 문제입니다. 명절 증후군을 해결하기 위해 여성들이 싸워야 할 대상은 남성 그 자체가 아니라 남녀차별을 부추기는 사회적 인식과 이를 강화하는 문화입니다. 이 싸움에는 남성도 함께해야 합니다. 이는 여성을 위해서가 아니라 남성 자신을 위한 것이기도 합니다. 퇴보를 선택하는 것은 남녀 모두에게 어리석은 선택이기 때문입니다. 이처럼 명절 증후군을 현명하고 통찰력 있게 바라보는 것만으로도 역사 공부의 본질적 중요성을 이해할 수 있습니다. 따라서 역사 공부를 단순 암기 과목이 아니라 현명함과 통찰력을 키우는 과목으로 인식하는 것이 중요합니다.

이처럼 역사는 국어, 영어, 수학만큼 중요한 학습 분야로, 이 학습이 적합하게 시작될 수 있는 시기는 보통 7세 전후입니다. 다만 학습 범위는 제한적이어야 하며,

초등학교 5학년까지 단계적으로 넓혀가는 것이 좋습니다. 학습 확장의 기준은 '시기별 역사의식 발달 단계'에 맞춰야 합니다.

〈시기별 역사의식 발달 단계〉

시기	역사의식
6~7세	그냥 이야기를 좋아하며, 옛날(과거)과 오늘날(현재)을 잘 구분하지 못함
초등 1~2학년	여전히 이야기를 좋아하며, 막연하게 '옛날(과거)'이라는 것을 느낌
초등 3학년	옛날과 오늘날을 비교하고 차이를 구별하는 것이 가능함
초등 4학년	역사적 사실을 시간 흐름을 통해 이해할 수 있음
초등 5학년	역사적 사실에 대한 상호 인과관계를 이해할 수 있음
초등 6학년	역사의 발전을 시대별로 종합적으로 이해할 수 있음

역사 학습 자료책, 교재, 프로그램 등를 선택할 때는 이 발달 단계에 맞게 고르고, 학습 확장 역시 이에 맞춰 진행하는 것이 좋습니다. 다만, 이 기준은 일반적인 것이므로 자녀의 발달 상내에 맞게 조절하는 것이 필요합니다. 드물지만 초등학교 2학년 때 4~5학년 수준의 역사의식을 보이는 아이도 있기 때문입니다.

역사 학습은 우리나라 교육 현실과 맞닿아 있습니다. 부모 세대의 주요 과목은 '국·영·수·사·과'였으나, 현재와 미래에는 '국·영·수·사·과·한'이 주요 과목입니다. 한국사가 추가된 것이죠. 현 대학 입시에서는 고등학교 내신 성적이 중요하고, 다음으로 수능 성적이 중요한데, 역사 공부에서는 고등학교 역사 과목의 내신 성적이 1순위입니다. 단, 수능으로 대학에 지원할 경우 수능 시험 준비가 더 중요할 수 있지만, 고등학교 내신도 함께 평가하는 대학들이 많아 학교 내신 시험이 여전히 우선입니다.

역사는 한국사와 세계사로 나뉘며, 초등학교 때는 비교적 쉬운 한국사를 제대로 학습하는 것만으로도 충분합니다. 초등 세계사는 정규 과목이 아니므로 공부보다는 책이나 체험을 통해 간접적으로 접하는 것이 더 좋습니다.

상위권 학생들 중에서도 한국사에서 어려움을 느끼는 경우가 많습니다. 대부분의 상위권 학생들은 어릴 때부터 국·영·수 학습을 해왔기 때문에 4~5학년이 되어도 국·영·수에는 큰 어려움을 느끼지 않습니다. 그러나 5학년 때 등장하는 한국사는 어휘가 어렵고 개념이 복잡해 난이도가 높기 때문에, 상위권 학생들조차 어려움을 느낄 수 있습니다. 따라서 한국사가 처음 시작되는 초등학교 5학년 때 기초를 잘 다져두면, 중학교와 고등학교의 한국사 학습에 대한 부담을 줄일 수 있습니다.

역사 교육 현실을 고려할 때, 가장 중요한 것은 한국사 공부를 먼저 제대로 하는 것입니다. 세계사가 아닌 한국사에 집중해야 하며, 한국사 학습 경험을 바탕으로 세계사로 확장하는 것이 올바른 순서입니다. 따라서 역사 학습의 기초이자 기본은 '초등 한국사 교과서를 제대로 학습하는 것'입니다. 이제 유치원부터 초등학교 시기까지의 한국사 학습 방법을 정리해 보겠습니다.

첫째, '한국사 학교 시험 대비 잘하기'가 1순위입니다. 이를 위해서는 교과서 학습을 철저히 해야 합니다. 여기서 철저한 학습이란 단순한 암기가 아니라, '이해를 바탕으로 설명하고 쓸 수 있도록 학습하는 것'을 의미합니다. 초등학교 때 한국사를 제대로 학습해 두면 중학교와 고등학교의 역사 학습에 큰 도움이 될 뿐 아니라, 현명함과 통찰력을 기르는 데에도 기초가 됩니다. 과거처럼 요점 정리나 문제집의 내용을 단순히 외우는 방식은 서술형 및 주관식 문제 대비에 효과적이지 않으며, 중·고등학교의 역사 학습에 도움이 되지 않습니다. 또한, 이 방식으로는 한국사를 통해 현명함과 통찰력을 체감하기 어렵습니다.

둘째, 학습 범위를 시기별로 단계적으로 확장해 나가야 합니다. 확장의 기준은

'역사의식 발달 단계'입니다. 각 단계에 맞춰 학습 내용을 확장해 나가는 것이 중요한데요. 구체적으로는 다음과 같습니다.

1. **6~7세** : 역사에 흥미를 가지도록 역사 인물 이야기 중심의 학습을 진행합니다.

2. **초등 1~2학년** : 옛날 이야기를 통해 역사적 상상력과 흥미를 키우는 역사 이야기 학습이 좋습니다.

3. **초등 3학년** : 과거와 현재를 비교하는 생활·문화·과학사에 대한 학습을 진행하여 역사적 차이를 이해하는 힘을 기릅니다.

4. **초등 4학년** : 쉬운 정치사를 접하며 역사적 흐름과 구조를 이해하는 능력을 키웁니다.

5. **초등 5학년** : 초등 한국사 교과서와 연계된 독서를 통해 종합적인 한국사 학습을 시작합니다.

이와 같은 단계적 접근을 통해 한국사를 점진적으로 확장하면, 역사적 이해력을 키우는 동시에 현명함과 통찰력을 기르는 데 효과적인 학습이 가능합니다.

2 한국사 공부 SKY 로드맵

5세~7세 한국사 공부 방법

일단 6세까지는 한국사 학습을 할 수 없습니다. 아이가 관심을 보인다면 시도해 볼 수는 있지만, 대부분 소화하지 못하기 때문에 굳이 서두를 필요는 없습니다. 한국사는 사회뿐만 아니라 과학보다도 어렵습니다. 왜냐하면 사회나 과학에 비해 시간에 대한 고려가 훨씬 많이 필요하기 때문입니다. 한국사는 '한국 사회 현상에 대해 학습한 것'이라고 말할 수 있습니다. 그런데 한국사 학습 대상에는 현재보다 과거 사회가 훨씬 많습니다. 그 과거도 한 가지만이 아니라 여러 가지입니다. 최근의 과거도 있고, 조금 오래된 과거도 있으며, 아주 오래된 과거도 있습니다. 또한 '오래되었다'는 기준도 명확하지 않습니다. 그래서 6세까지는 한국사 학습이 거의 불가능합니다.

다만, 5~6세에 시도해 볼 만한 것이 있기는 한데요, 그것은 옛이야기를 읽어주는 것입니다. 대표적인 예가 전래 동화입니다. 전래 동화의 배경은 옛날 사회이므로, 전래동화 같은 옛이야기를 읽어주면 자연스럽게 옛날 사회생활을 간접적으로 체험하게 됩니다. 물론 고구려 사람들의 생활 모습이나 고려, 조선 시대의 생활문화 수준을 알려주는 것은 아닙니다. 다만 막연하게 우리나라 옛날 사람들의 생활 모습을 단편적으로 알게 되는 것이죠. 그리고 그림을 통해 옛날 의식주 문화를 조금 접할 수 있고요. 이때 중요한 것은 읽어주는 책이 재미있어야 한다는 점입니다. 책 선택 기준을 '어떤 책에 생활문화 정보가 많은가'에 두기보다는 '어떤 책이 재미있는 옛이야기인가'에 두는 것이 좋습니다.

7세는 5~6세와 비슷하지만, 학습 범위를 조금 확장할 수 있습니다. 우리나라를 대표하는 인물이나 문화재를 다룬 책을 시도해 볼 만하고, 인물이나 문화재와 관련된 체험, 혹은 옛날 생활문화를 경험할 수 있는 체험도 좋습니다. 이 시기에는 아이들이 여전히 옛날과 오늘날을 명확히 구분하지 못하므로, 군이 구분할 필요도 없습니다. 다만 "언제인지는 모르지만 예전에는 이런 일을 했어, 이런 음식을 먹었어, 이런 물건이 있었어, 이런 사람이 있었어" 정도로 옛날과 오늘날을 구분해 주면 됩니다. 핵심은 해당 내용을 재미있게 접해 보는 것입니다.

예전에 아이가 7살 때, 박물관에 가서 한지 체험을 한 적이 있습니다. 프로그램 중에는 한지를 만드는 체험과 먹물로 한지에 그림을 그리는 체험이 있었고, 특이하게도 창포물에 머리를 감는 체험도 있었습니다. 아이는 박물관을 둘러보는 것보다는 한지 체험과 창포물 체험을 더 좋아했고, 이 체험들이 즐거운 경험이었기에 꽤 오래 기억했습니다. 이후 몇 년이 지나 "옛날에는 창포물로 머리를 감기도 했지만 지금은 샴푸로 머리를 감는다"는 사실을 구분해 냈습니다.

인물을 다룬 책을 선택할 때는 위인전 스타일보다는 사람 이야기 스타일이 적합합니다. 여기서 위인전 스타일은 업적과 교훈을 중심으로 한 책을 의미하고, 사람 이야기 스타일은 업적이나 교훈 위주가 아니라 인물에 대한 여러 에피소드를 동화처럼 재미있게 엮은 책을 의미합니다. 유치원 누리과정에는 단군, 세종대왕, 이순신, 유관순, 광개토대왕, 신사임당, 김구, 문익점 등이 등장하는데, 이 중 이해하기 쉬운 인물은 이순신, 광개토대왕, 문익점이고, 이해하기 어려운 인물은 유관순, 신사임당, 김구 등입니다. 따라서 누리과정에 등장한다고 해서 무조건 책을 선택할 것이 아니라, 아이의 눈높이에 맞는 책인지를 잘 살펴봐야 합니다.

초등학교 1~2학년 한국사 공부 방법

초등학교에서 배우는 역사는 한국사이며, 세계사는 배우지 않습니다. 초등학교 때 세계사가 포함되지 않는 것은 당연합니다. 우리나라가 과거부터 현재까지 정치, 경제, 사회, 문화, 과학 등 여러 영역에서 어떻게 변해왔고 왜 그렇게 변해왔는지를 학습하는 것만으로도 어렵기 때문에, 세계 여러 나라의 역사를 학습하는 것은 거의 불가능에 가깝습니다. 가끔 초등 저학년이나 중학년 학부모가 "세계사 대비는 어떻게 해야 하나요?"라고 질문하시면, "한국사 공부를 잘하는 것이 세계사 대비의 기초입니다."라고 말씀드립니다. 단, 세계문화는 예외입니다. 세계문화는 초등학교 3~4학년 때 다룰 수 있으며, 1~2학년 때는 세계 여러 나라의 옛이야기나 아이들 이야기, 쉬운 세계 인물 이야기, 쉬운 세계 문화재 이야기를 도전해 볼 만합니다.

초등 한국사 학습은 3~4학년과 5~6학년으로 나누어 진행하는 것이 좋습니다. 1~2학년은 한국사에 대한 감을 잡는 시기로, 한국사를 '맛보는' 시기라 할 수 있습니다.

초등 시기	핵심 내용
1~2학년	**한국사 맛보기** "옛날에 이런 일들이 있었구나!"
3~4학년	**생활사, 문화사, 과학사 위주 학습** "옛날에는 이런 것들이 있었구나!"
5~6학년	**정치사 집중 학습, 교과 연계 학습** "우리나라 역사는 이렇구나!"

따라서 1~2학년 때부터 한국사 학습의 비중을 높일 필요는 없으며, 유치원 때처럼 폭넓은 독서와 다양한 경험 중 일부로 한국사를 접하는 것이 좋습니다. 대신 유치원 때보다 조금 더 한국사 느낌이 나는 책을 선택하는 것이 좋은데요, 대표적인

책으로는 삼국유사와 삼국사기가 있습니다. 출판 시장에서는 이를 '유사사기'라고 부르기도 합니다.

1~2학년 시기는 막연하게나마 '옛날과거'이라는 느낌을 알 수 있는 때입니다. 구체적인 시대별 구분은 어렵지만, '옛날'과 '오늘날'을 구분하는 정도는 가능합니다. 따라서 개별 소재로 접근하거나 역사적 사건들을 시간 순서대로 따라가 보는 정도가 적당합니다. 예를 들어 삼국시대의 화랑을 소재로 한 책을 읽어볼 만한데, '화랑은 삼국시대에 있었던 제도이고, 이런저런 목적과 특징이 있다'라고 설명하기보다는 '옛날에 화랑이라는 모임이 있었고, 그 모임에 속한 아이들은 씩씩하고 용감하게 자랐구나'라고 알려주는 책이 더 적합합니다. 유사사기 책을 선택할 때도 이와 유사한 기준으로 고르는 것이 좋습니다.

1~2학년에게 유사사기를 읽게 하는 이유는 이 책이 옛이야기처럼 느껴지기 때문입니다. 삼국유사는 주로 신라의 불교, 탑, 불상, 고승들의 행적, 신앙 관련 설화, 효행과 선행에 대한 미담 등을 기록한 책이며, 고려 시대에 일연이 썼습니다. 삼국사기는 고려 시대 김부식이 삼국시대와 통일신라 시대에 대해 쓴 역사서입니다. 유아초등 출판 시장에서 '유사사기'라고 불리는 책들은 삼국유사와 삼국사기에서 소재를 가져와, 아이들 눈높이에 맞춰 옛이야기 형식으로 편집된 책들입니다. 그래서 아이들은 유사사기를 옛이야기처럼 받아들이지만, 실제로는 삼국시대와 통일신라 시대의 이야기를 다루는 한국사 책이라 할 수 있습니다.

어쨌든 초등학교 1~2학년은 본격적인 한국사 학습이 아직 어려운 시기이므로, 유사사기 독서도 유치원 때처럼 폭넓은 독서 중 일부로 보고 접근해야 하며, 유사사기를 읽었다고 해서 삼국시대와 통일신라 시대에 대해 어느 정도 학습한 것으로 생각하지 않는 것이 좋습니다. 유사사기 책을 선택할 때도 삼국시대와 통일신라 시대의 주요 인물과 사건을 어느 정도나 다루었는지보다는, 아이의 읽기 수준과 성향에 맞는지를 우선 살펴봐야 합니다.

유사사기 외에도 '화랑'과 같은 구체적인 소재를 다룬 책이나 김유신 같은 특정 인물을 다룬 책도 1~2학년 때 볼 만한 한국사 책입니다. 구체적인 소재나 인물에 대한 체험 활동이나 견학을 병행하면 더욱 효과적입니다. 예를 들어 신석기 시대 아이들의 생활을 다룬 책을 읽은 후 빗살무늬 토기를 만들어 보고 사용하는 체험을 하거나, 이순신 장군 이야기를 읽고 거북선 모형을 탐방하는 활동이 좋은 예입니다. 이렇게 1~2학년 아이들이 이해하기 쉬운 구체적인 소재를 책이나 체험으로 접하는 것은 바람직한 한국사 학습입니다.

마지막으로, 이 시기에는 한국사 학습의 양을 늘리기보다는 질을 높이는 것이 중요하다는 것을 다시 한번 강조합니다.

초등학교 3~4학년 한국사 공부 방법

초등학교 3~4학년의 역사 학습은 한국사와 세계문화 두 가지 영역을 살펴보는 것이 좋습니다. 이 시기의 한국사 학습을 한 문장으로 정리하면, '3~4학년 사회 과목 대비와 5학년 한국사 생활·문화·과학사 대비하기'라 할 수 있습니다. 역사에 흥미가 많아 다양한 역사 관련 독서를 자발적으로 하는 아이들도 있지만, 그런 경우는 소수입니다. 대부분의 아이들에게는 이 시기에 한국사 학습의 목표를 간단하고 실용적으로 설정하는 것이 더 중요합니다.

3~4학년은 특히 영어 노출을 최대한 늘리고 수학도 자기 학년 수준을 제대로 학습하는 것이 가장 중요한 시기입니다. 이들 과목에 집중하는 것만으로도 이미 많은 시간과 노력이 필요하기 때문에, 한국사에 지나치게 많은 시간을 투자하기는

어려울 수 있습니다. 따라서 이 시기의 한국사 학습은 부담스럽지 않으면서도 학년별 사회 학습과 이후 5학년 한국사 학습에 자연스럽게 연계될 수 있는 정도로 진행하는 것이 적절합니다.

우선 3~4학년 사회 교과에 나오거나 나올 수 있는 한국사 내용을 키워드로 정리해 보았습니다.

- **고장 이야기** : 문화유산, 자연환경, 지명, 종로, 포은대로정몽주, 서빙고동, 피맛골, 탄천, 안성맞춤, 두물머리, 얼음골, 기와말, 말죽거리, 우리 고장의 옛이야기 조사하기

- **고장의 문화유산** : 다보탑, 석가탑, 몽룡실, 혼천의, 경주 동궁과 월지, 성덕 대왕 신종, 가야금 병창, 전통장, 향교, 첨성대, 누비, 탈춤, 불국사, 석굴암, 화랑도, 우리 고장의 문화유산 조사하기

- **옛날 생활 도구** : 주먹도끼, 빗살무늬 토기, 동물의 뼈로 만든 낚시 도구, 청동 방울, 비파형 동검, 거친무늬 청동 거울, 제사장, 철로 만든 농사 도구와 무기

- **세시 풍속** : 풍속, 세시 풍속, 명절, 추석, 설날, 정월대보름, 한식, 단오, 삼복, 동지, 중양절, 세시 풍속 때 하는 일, 세시 풍속 놀이, 세시 풍속 음식, 세시 풍속 때 입는 옷, 옛날과 오늘날의 세시 풍속 비교

- **문화유산** : 문화유산 조사 방법, 유형 문화재석탑, 건축물, 책, 무형 문화재예술 활동, 기술, 문화유산 답사하기고창 선운사 답사, 우리 지역의 문화유산 답사하기, 문화유산 소개 자료 만들기, 문화유산 보호 방법

- **역사적 인물** : 역사적 인물 조사 계획 세우기, 조사하고 소개 자료 만들기

한국사 내용은 크게 두 가지 영역으로 나눌 수 있습니다. 하나는 정치사이고, 다른 하나는 생활·문화·과학사입니다. 고조선 건국, 신라의 삼국 통일, 고려 때 몽골의 침략, 조선의 임진왜란 같은 사건들은 정치사에 해당합니다. 반면 시대별 사람들의 생활 모습, 불국사와 석굴암, 혼천의와 측우기 같은 문화재와 과학 기구들은 생활·문화·과학사에 속합니다.

한국사 과목은 초등학교 5학년 2학기에 본격적으로 시작되지만, 일부 한국사 내용은 3~4학년 사회 과목에서도 다루어집니다. 특히 3~4학년 사회에서 다루는 한국사 내용은 대부분 생활·문화·과학사와 관련이 깊습니다. 따라서 이 시기에는 한국사 영역 중 생활·문화·과학사에 대한 학습이 필요합니다. 이를 통해 3~4학년 사회 과목 대비는 물론, 5학년 2학기 한국사 수업을 미리 준비하는 효과도 얻을 수 있습니다.

이렇게 학습하는 것이 더 효과적인 이유는 시기별 역사의식 발달 단계 때문입니다. 초등학교 3~6학년 때의 역사의식 발달 단계를 다시 한번 살펴 보겠습니다.

〈초등학교 3~6학년 역사의식 발달 단계〉

구분	의식 발달
초등 3학년	옛날과 오늘날을 비교하고 차이를 구별하는 것이 가능함
초등 4학년	역사적 사실을 시간 흐름을 통해 이해할 수 있음
초등 5학년	역사적 사실에 대한 상호 인과관계를 이해할 수 있음
초등 6학년	역사의 발전을 시대별로 종합적으로 이해할 수 있음

역사에서 정치사 영역 학습의 기본은 시대 흐름을 잘 파악하는 것입니다. 이를 위해서는 중요한 사건들 간의 '상호 인과관계'를 이해하는 것이 핵심입니다.

예를 들어, 고려가 멸망하고 조선이 건국된 이유를 단순히 "고려 다음에 조선이 왔고, 조선을 세운 사람은 이성계"라고 외우는 것과, 고려 말의 혼란과 조선 건국의 배경을 파악하면서 시대적 흐름을 이해하는 것 사이에는 큰 차이가 있습니다. 이러한 인과관계를 이해할 수 있는 시기는 일반적으로 초등학교 5학년, 빠르면 4학년입니다. 따라서 3~4학년에게는 정치사 영역 학습이 어렵게 느껴질 수밖에 없습니다.

다만, 3~4학년 아이들도 이해할 수 있도록 쉽게 구성된 정치사 책이나 프로그램이 있다면 예외적으로 학습이 가능할 수 있습니다. 이 경우에도 사건을 잘 선정하고, 인과관계를 쉽게 풀어 설명해야 합니다. 일반적으로는 3~4학년 사회 교과서에서 정치사보다는 생활·문화·과학사가 주로 다뤄집니다.

3~4학년 사회 교과서에서 생활·문화·과학사 내용이 많이 다뤄지는 이유는 이 시기의 역사의식 발달 단계에 있습니다.

- **3학년** : 옛날과 오늘날을 비교하고 차이를 구별할 수 있는 단계입니다.
- **4학년** : 역사적 사실을 시간 흐름에 따라 이해할 수 있는 단계입니다.

이러한 발달 단계에서는 정치사보다는 생활·문화·과학사가 아이들의 수준에 맞고 쉽게 이해됩니다. 생활·문화·과학사도 인과관계를 포함하지만, 정치사에 비해 더 쉽게 다가갈 수 있고, 내용이 옛이야기처럼 느껴져 흥미를 끌기 좋습니다. 또한, 5학년 한국사 분량이 워낙 많기 때문에 미리 생활·문화·과학사 부분을 학습해 두면 이후 학습에 도움이 됩니다.

학습 방법은 책과 체험이 가장 좋은 방법이며, 관련 동영상이나 다큐멘터리도 유용합니다. 특히 생활·문화·과학사는 유적과 유물을 다루는 경우가 많아 역사

탐방 같은 체험학습이 효과적일 수 있습니다.

이때 중요한 것은 아이가 얼마나 적극적으로 참여하는지입니다. 아이들의 적극적인 참여를 이끌어내기 위해서는 교사의 역량과 교재의 완성도가 중요합니다. 교사의 설명이 쉽고 재미있어야 하고, 교재는 핵심 내용을 쉽고 오래 기억에 남도록 구성해야 합니다. 지나치게 많은 정보를 담은 교재는 오히려 학습에 방해가 될 수 있습니다.

3~4학년 시기의 세계문화 학습은 선택 사항입니다. 이 시기는 정치사보다는 생활·문화·과학사 학습이 가능한 시기이므로, 세계사를 배우기보다는 세계문화를 접하는 것이 적절합니다. 세계문화 학습이 필수는 아니지만, 5학년 1학기 사회 과목에서 세계문화가 나오기 때문에 4학년 2학기 즈음에는 접해 두는 것이 좋습니다.

초등학교 5학년 1학기 사회 내 세계 관련 키워드
국토, 위선, 경선, 위도, 북위, 남위, 경도, 본초 자오선, 동경, 서경, 대륙, 해양, 주권, 영토, 영해, 영공저위도, 중위도, 고위도, 지구 온난화, 산업화, 산업, 공업, 중화학 공업, 소비시장, 서비스업, 운송업

위 키워드를 봤을 때 5학년 1학기 사회 과목의 교과 연계만 고려하면 세계에 대해 그리 많은 내용을 알 필요는 없어 보입니다. 대충 이 정도만 알아도 충분히 보이는데요.

- 세계에는 넓은 바다대양도 있고 넓은 땅대륙도 있다.
- 세계에는 여러 민족, 여러 인종, 여러 나라가 있다.
- 세계는 지역에 따라 기후와 지형이 다르며, 발달한 산업과 문화도 다르다.
- 세계 여러 나라는 함께 활발히 교류하며 살아가고 있다.

위 내용을 잘 이해하는 데 도움이 될 수 있는 몇 가지 사례만 알아도 5학년 1학기 사회 과목의 세계 영역 대비로 충분해 보입니다. 즉, 세계에 대해 전혀 알지 못하면 5학년 사회 학습 때 문제가 생길 수 있지만 위에서 정리한 내용 정도만 알면 별 문제는 없을 것입니다. 다만, 이 시기 세계문화 학습은 교과 연계를 떠나 중요한 의미를 가지고 있는데요, 첫째는 통찰력의 기초를 다져 주고, 둘째는 다양성을 인정하는 가치관 형성에 도움이 됩니다.

4차 산업혁명 사회에서는 배경지식의 양보다 통찰력이 훨씬 중요합니다. 필요한 정보는 잠깐의 검색으로 쉽게 얻을 수 있지만, 통찰력은 쉽게 얻을 수 없기 때문입니다. 통찰력이란 '어떤 사물이나 현상을 예리한 관찰력으로 꿰뚫어 보는 능력'을 뜻합니다. 즉, 꿰뚫어 본다는 것은 사물을 제대로 파악한다는 의미입니다. 예를 들어, 우리나라 교육 과정과 시험 제도를 제대로 꿰뚫어 보고 있다면, 공포 마케팅에 휘둘리지 않으며, 아이의 학습 과정에서도 시행착오를 줄일 수 있습니다. 통찰력은 교육뿐 아니라 사회 전반에서 필수적입니다.

또한, 앞으로의 사회는 니라 간 상호 영향력이 점차 커지기 때문에, 통찰력을 기를 때 '세계'라는 큰 틀에서 바라보는 시각을 갖추어야 합니다. '세계'를 바라볼 때는 다양한 생각과 현상을 폭넓게 수용할 수 있어야 하며, 이를 위해서는 우선 '세계란 무엇인지'에 대한 이해부터 시작해야 합니다. 또한 다양한 생각과 현상들을 '틀림'이 아니라 '다름'으로 받아들이는 경험도 필요합니다. 이를 위한 효과적인 소재가 세계문화입니다. 따라서 초등학교 3~4학년 시기에 세계문화를 학습하여 '세계'에 대한 지식을 쌓고 다양성을 인정하는 바람직한 태도를 기르는 것은 교과 연계와 관계없이 중요한 의미를 가집니다.

세계문화는 사회 영역에 속하며, 이를 효과적으로 학습하기 위해서는 독서와 체험이 좋은 방법입니다. 그러나 세계문화를 체험하기 위해 해외로 여행을 다니는 것은 현실적으로 거의 불가능합니다. 대신 국내에서 열리는 다양한 다문화 체험을 활용하는 것이 좋습니다. 또, 세계문화와 관련된 동영상이나 다큐멘터리를 활용하는 것도 유용한 방법입니다. 이때 체험은 '공부'라기보다는 '가족 나들이'로 접근하는 것이 좋습니다. 그래야 부모와 아이 모두 즐겁게 경험할 수 있습니다.

이 시기에 세계문화 전집을 읽는 것도 좋은 학습 방법입니다. 만약 "3학년이 되니 책 읽을 시간이 없어요."라고 한다면, 덜 중요한 활동 때문에 더 중요한 활동을 놓치고 있는 것입니다. 물론 3~4학년 시기에는 영어와 수학이 독서보다 더 중요한 과목이기는 하지만, 그렇다고 해서 독서를 아예 멈추는 것은 현명한 선택이 아닙니다. 독서 시간을 줄이는 것은 가능하지만, 꾸준히 이어가는 것이 중요합니다. 하루에 한 권 또는 2~3일에 한 권 정도를 읽더라도 꾸준히 독서를 진행해야 합니다. 이때 책 목록에 세계문화 관련 도서를 포함하면, 자연스럽게 세계문화 학습 효과를 얻을 수 있습니다.

따라서 국어, 영어, 수학보다 먼저 해야 할 일은 읽기 능력을 기르고 읽기 습관을 잡는 것입니다. 읽기 습관이 형성되어야 초등학교 3~4학년 때에도 독서를 편하게 이어갈 수 있습니다.

또한 4학년 때는 시대 순서대로 주요 인물과 사건을 다룬 통사책을 가볍게 읽어 두면 좋습니다. 이 시기 아이들은 역사적 사실을 시간 흐름에 따라 이해할 수 있으므로 도전해볼 만합니다. 단, 이 시기에는 역사적 사실 간의 상호 인과관계를 이해하는 것이 어려운 때이므로, 최대한 쉬운 통사책을 선택하는 것이 중요합니다.

초등학교 5~6학년 한국사 공부법

초등학교 5~6학년 시기의 역사 학습은 한국사와 중국사 두 가지 영역을 다룹니다. 이 시기 한국사 학습의 목표를 한 문장으로 요약하면 '한국사 교과서 학습, 처음부터 제대로 하기'입니다. 주요 과목이 '국·영·수·사·과'에서 '국·영·수·사·과·한'으로 확대되면서, 한국사는 필수 과목이 되었고, 상위권 학생들조차 학습에 부담을 느낄 정도로 난이도가 있습니다.

국·영·수 과목은 대부분의 아이들이 어릴 때부터 매일 꾸준히 학습해 상위권 실력을 쌓아가는 과목입니다. 반면 사회, 과학, 한국사사·과·한는 국·영·수만큼 꾸준히 학습하기보다는 독서와 체험으로 기초 학습을 쌓아 두었다가, 주요 학습 시기가 오면 집중적으로 학습하는 것이 좋습니다. 특히 한국사는 초등 시기부터 다른 과목에 비해 학습량과 난이도가 높기 때문에, 5학년 아이들이 좌절을 겪는 2차 학습 좌절기로 만들기도 합니다.

이제 필수 과목이 된 한국사에서 첫 번째 성취감을 느껴야 하는 시기가 초등학교 5학년입니다. 피할 수 없다면 제대로 대비하고 준비해야 합니다. 이를 위해서는 한국사의 특징과 학습 방향을 파악하는 것이 중요합니다.

초등학교 5학년 한국사의 특징

- 5학년 2학기~6학년 1학기 동안 배움
- **'정치사** : 생활·문화·과학사' 비율이 거의 5 : 5 정도임
- 분량도 많고 진도도 빠르게 나가기 때문에 사전 대비가 중요함
- 교과서는 정보 나열 방식이어서 수업 시간 집중이 중요함
- 교과서 내용 전부를 수업하기 어려움

초등 한국사는 5학년 2학기부터 6학년 1학기까지 배우며, 약 1년 동안 한국사의 전반적인 흐름을 학습합니다. 이전에는 5학년 1학기부터 시작되었지만, 교과서 개편 후 5학년 2학기부터 배우도록 변경되었습니다. 5학년 1학기에 대비할 여유가 생겼지만, 그만큼 학습 내용이 어렵기 때문에 철저한 준비가 필요합니다.

한국사 내용은 정치사와 생활·문화·과학사 두 영역으로 나눌 수 있습니다. 초등 한국사 교과서에서는 두 영역의 비중이 거의 반반입니다. 따라서 역사 학습을 정치사 중심으로만 이해하면 생활·문화·과학사 부분에서 어려움을 겪을 수 있습니다.

한국사는 구석기 시대부터 현대 사회까지를 다루는 방대한 과목입니다. 초등학교 한국사 교과서 역시 이러한 큰 흐름을 따라가며, 특히 근현대사의 비중이 높아졌습니다. 이에 따라 구석기부터 조선까지의 내용은 비교적 빠르게 진행되며, 각 시대별 정치사와 생활·문화·과학사를 함께 배우는 구조입니다.

이처럼 내용이 많고 속도가 빠르기 때문에 사전 준비를 충분히 하지 않으면 수업을 모두 마쳤음에도 "무엇을 배웠는지 모르겠다"는 상태에 빠지기 쉽습니다.

게다가 초등 한국사 교과서는 정보 나열 방식으로 서술되어 있어 교과서만으로는 내용을 깊이 이해하기 어렵습니다. 예를 들어, "영조는 탕평책을 펼쳐 나라를 바로 세우고 왕권을 강화했다"라는 문장이 교과서에 나와 있어도, '탕평책이 무엇인지, 영조가 왜 탕평책을 펼쳤는지, 탕평책이 왕권 강화와 어떻게 연결되는지'에 대한 자세한 설명은 없습니다.

따라서 한국사 학습에서는 수업 시간 집중이 매우 중요합니다. 교사의 설명을 통해 교과서의 개념을 심도 있게 이해해야 하며, 수업 중에 놓친 내용은 복습할 때 확인하는 것이 필요합니다.

수업 시간에 집중해야 하는 이유는 하나 더 있습니다. 제 아이가 초등학교 5학년 때 이렇게 말했습니다.

"아빠, 나는 한국사 수업 시간에는 절대 졸지 않아. 그래야 어디에서 시험 문제가 나오는지 알 수 있거든."

"선생님이 시험 문제를 알려주셔?"

"그게 아니고, 내용이 너무 많아서 선생님이 수업을 다 하실 수가 없어. 수업한 곳에서만 시험 문제가 나오거든. 특히 여러 번 강조하신 내용은 서술형 주관식 문제로 나올 확률이 높고."

"아, 집중적으로 공부해야 할 내용이 뭔지 파악되는구나."

"맞아. 예습과 복습보다 훨씬 더 중요한 게 수업 시간 집중이야. 일단 이해하는 데 도움이 되고, 집중적으로 공부해야 할 내용을 알게 되고. 그래서 남자 아이들이 안쓰러워."

"그건 왜?"

"남자 아이들이 대체로 집중을 안 하거든. 근데 집중하지 않으면 나중에 시험 공부할 때 한꺼번에 다 해야 해. 그리고 이해를 하지 못했으니까 참고서에 의존하는데, 참고서 본다고 다 이해되는 것도 아니거든. 참고서는 문제를 풀어보는 용도가 크고. 이해는 교과서와 선생님 설명으로 해야 하거든. 이해가 덜 된 부분은 쉬는 시간에 질문으로 해결하고."

위와 같은 상황이기 때문에 앞에서 '한국사 대비는 어릴 때부터 길게, 그리고 탄탄하게 진행해야 합니다.'라고 강조했던 것입니다. 단, 역사의식 발달 단계에 맞게 해야 하고요. 대비하는 데 더 많은 시간과 노력을 들여야 하는 국·영·수에 큰 지장을 주지 않는 선에서 해야 합니다. 여기까지 살펴보면 아이별 한국사 대비법을 이렇게 정리할 수 있습니다.

아이별 초등학교 5~6학년 한국사 학습법

1. 준비가 잘 되어 있는 아이

초등학교 5학년 1학기까지 독서와 체험을 통해 한국사의 기초를 다진 아이입니다. 한국사 수업에 대한 이해도가 높은 편이므로 굳이 예습까지 할 필요는 없습니다. 수업 시간에 집중하면서 교과서 내용을 잘 이해하고, 선생님이 강조한 부분이나 설명한 내용을 잘 기록합니다. 집에 돌아와서 수업 내용을 한 번 읽어보기만 하고, 시험 전에 복습하고 문제집의 문제를 풀어봅니다.

2. 준비가 다소 부족한 아이

5학년 2학기 전까지 독서와 체험으로 한국사 학습을 조금 했으나, 충분히 다지지는 못한 아이입니다. 전반적인 학습 능력은 괜찮은 편입니다. 이 경우에도 예습보다는 수업 시간 집중과 복습이 더 효과적입니다. 예습은 혼자 해야 하므로 시간과 노력이 더 들어갑니다. 그보다는 적극적으로 선생님의 도움을 받는 것이 훨씬 효과적입니다. 특히 그날 수업 때 이해하지 못한 내용은 수업 후에라도 선생님의 도움을 받는 적극성이 필요합니다. 이후 학습 방법은 1번 아이와 동일하게 진행합니다.

3. 준비가 되어 있지 않은 아이

5학년 2학기 한국사 수업이 시작되기 전에 한국사에 대한 기초 수업을 받아보는 것이 좋습니다. 단, 반드시 아이에게 도움이 되는 수업이어야 합니다. '초등 한국사 방학 특강 2개월 완성'과 같은 명칭만 보고 수업을 선택할 경우, 현재 아이의 한국사 학습 능력으로는 소화할 수 없는 수업일 수 있습니다. 완벽한 대비를 위한 수업이 아니라, 학교 수업을 따라갈 수 있는 기초 능력 훈련을 위한 수업이어야 실질적인 효과를 볼 수 있습니다.

한국사도 넓은 의미에서는 사회 과목에 포함됩니다. 그래서 초등 한국사 교과서의 이름은 '한국사 5-2, 한국사 6-1'이 아니라 '사회 5-2, 사회 6-1'입니다. 즉, 초등 때 한국사 공부를 제대로 하는 방법은 사회 과목과 마찬가지로 '이해하고, 암기하고, 설명하기'입니다. 이 학습 방법의 첫 단계가 '이해하기'이며, 준비가 잘 된 아이는 수업 시간에 집중하는 것부터 시작하면 되지만, 준비가 부족한 아이는 수업 내용을 이해할 준비가 먼저 필요합니다.

초등학교 5~6학년 역사 학습에서 또 하나 살펴봐야 할 영역은 중국사입니다. 고조선을 멸망시킨 나라도 중국이며, 수·당 전쟁은 고구려와 중국 간의 전쟁이었습니다. 신라의 삼국 통일과 조선의 병자호란 등도 중국과 관련이 있습니다. 이처럼 한국사에서 중국이 자주 등장하므로 중국에 대해 어느 정도 이해해 두면 좋습니다. 여기서 '어느 정도'가 중요한 기준입니다.

중국사 전체를 학습하면 좋겠지만, 반드시 그럴 필요는 없습니다. 대신 '중국이라는 나라가 있고, 여러 나라가 세워졌다 사라졌으며, 우리보다 문물이 앞섰고, 우리나라를 기준으로 대략 어디에 있다' 정도는 알고 있어야 합니다. 또한 우리나라 역사뿐만 아니라 다른 나라의 역사를 통해 통찰력을 기를 수 있기 때문에, 교과 대비와 통찰력 측면에서 중국사 중 '초한지'와 '삼국지' 정도는 초등학교 때 읽는 것이 좋습니다.

초한지와 삼국지는 초등학교 3~4학년 때도 도전해 볼 수 있지만, 아이에 따라 다릅니다. 5~6학년 때라면 책을 잘 선택해 읽히면 초한지와 삼국지를 재미있게 볼 수 있습니다. 이를 통해 역사에 대한 관심을 높이고 한국사 학습에 약간의 도움을 받을 수 있으며, 통찰력 기르기에도 도움이 됩니다. 초한지와 삼국지 중에는 초한지를 먼저 읽는 것이 좋습니다. 삼국지보다 덜 복잡하고, 삼국지의 축소판 느낌도 있기 때문에 부담이 덜합니다. 초한지를 읽은 후 삼국지로 확장시키는 것이 좋습니다.

제 아이가 고등학생 때 한국사 시험 준비를 하며 이렇게 말했습니다. "아빠, 중학교 때 한국사 책을 한 번 더 읽었어야 해. 그러면 지금 고등한국사 공부가 더 쉽게 느껴질 것 같아." 이처럼 전국 기준 최상위권 아이들조차 한국사 학습에 부담을 느낍니다. 따라서 일부 극소수의 '한국사를 사랑하는 아이들'을 제외한 대다수의 아이들은 어릴 때부터 한국사 학습을 체계적으로 진행하는 것이 좋습니다. 그리고 가장 좋은 방법은 독서와 체험입니다. 단, 아이의 현재 읽기 능력과 학습 능력, 역사의식 발달 단계를 충분히 고려해야 의미 있는 독서와 체험이 될 수 있습니다.

📝 Q&A

Q1. 초등학교 1~2학년 때 역사 체험 교실에 다니는 것은 어떨까요?

A1. 다양한 체험 측면에서 보면 괜찮아 보이지만, 초등학교 1~2학년 시기를 생각하면 효과가 어느 정도나 있을지 의문이 생기는데요, 대체로 1~2학년 때 역사 체험 교실은 좀 빠른 편입니다. 우선 1~2학년도 어렵지 않게 느낄 수 있는 역사 소재가 그리 많지 않습니다. 그리고 지도 교사의 설명을 이해하는 능력도 아직 충분히 훈련되지 않은 때이고요. 관련 배경지식도 충분하지 않은 때입니다. 게다가 흥미나 재미가 떨어지면 금방 집중력이 흐트러지는 시기이기 때문에 이 시기 아이들에게 알맞은 역사 체험 프로그램을 개발하는 것 자체가 매우 어렵고 제한적입니다. 물론 이런 한계를 극복해 낸 역사 체험 프로그램이 있다면 1~2학년에게도 좋을 수 있지만요. 그래서 초등학교 1~2학년 때 한국사 학습은 양보다 질이라고 강조한 것이고요. 체험도 재미 위주이면서 간단한 경험 정도로만 생각하는 것이 좋습니다. 대신 초등학교 3~4학년 때에는 충분히 검토해 볼만 합니다. 단 그 전에 아이가 한국사 독서와 체험을 어느 정도 경험한 상태여야 의미와 효과를 모두 볼 수 있습니다.

Q2. 생활 · 문화 · 과학사도 시간 순서대로 학습해야 하나요?

A2. 생활·문화·과학사를 시간 순서대로 학습해야 하는 시기는 초등학교 5학년부터가 좋습니다. 그 전까지는 굳이 시간 순서대로 할 필요가 없고요. 시간 순서보다 훨씬 중요한 것이 각각의 내용을 제대로 학습하는 것입니다. 예를 들어 고려 시대 문화재인 팔만대장경과 직지심체요절의 경우, 팔만대장경이 직지심체요절보다 먼저 만들어진 문화재입니다. 그런데 제대로 학습한다고 할 때 가장 중요한 것은 '팔만대장경과 직지심체요절이 왜 유명한가?' 입니다. 직지심체요절은 왜 유명할까요? 금속 활자로 인쇄한 책 중에서 가장 오래 된 책이기 때문입니다. 그런데 제대로 학습한다는 것은 여기까지를 뜻하지 않습니다. '금속 활자로 인쇄한 책 중에서 가장 오래 됐다는 것이 왜 중요한가요?'까지 해야 제대로 학습한 것입니다. 이는 금속 활자가 인쇄술에 끼친 영향을 이해해야 알 수 있는 것이죠. 어쨌든, 생활 · 문화 · 과학사 학습에서 중요한 것은 각각에 대해 제대로 학습하는 것이고, 제대로 학습해야 나중에 시간 순서대로 학습할 때에도 훨씬 효율적으로 할 수 있게 됩니다.

*행*복한 *공*부의 **신**

: 평범한 딸을 서울대에 보낸 초등국어·영어·수학 공부법

발행일	2025년 2월 28일
발행처	직업상점
발행인	박유진
편저자	정용호
편 집	김현수
ISBN	979 - 11 - 94695 - 01 - 1
정가	22,000원